청년, 통일하자

열혈 청년들이 만들어 가는
리얼 · 통일 · 이야기

청년, 통일하자

김경헌
정영지
김진평
곽우정
가찬미
방아름
나주은

홍
성
사.

차례

왜 · 지금 · 청년 · 통일?

"더 이상 기다리지 말자.
이제 우리가 만들어 가자."   오늘도 외치는 소리.
몇몇 친구를 제외하고는 다들 무심한 표정이다. 과연 내 말에 얼마
나 공감하는지 모르겠다. 그래도 꿋꿋이 전한다. 너희도 충분히 할
수 있다고, 아니 대한민국 청년이라면 이제 누구나 반드시 통일을
준비해야 한다고. 힘주어 말한다. 이것이 내가 대학교 '통일 특강'
청년 강사로 서게 된 이유다.

　　2013년 가을, 몇 군데 대학으로부터 북한 관련 교양 수업 강사
로 초청받았다. 통일 준비 사역을 담당하는 청년의 현장감 있는 목
소리를 듣고 싶다는 것이었다. 소름 돋듯 놀라지 않을 수 없었다. 하
나님께서 내게 통일 준비의 마음을 부어 주신 지 약 1년 만의 일이
었다. 이 짧은 시간에 나를 세워 주시는 그 은혜가 그저 놀랍고 감
사할 뿐이었다. 청년들 앞에서 특강을 할 때마다 한 가지 의문이 찾
아들었다. 나로 이러한 발걸음을 걷게 하시는 이유가 무엇일까.

어느 날 갑자기 찾아온 '통일'이란 비전. 그것은 이내 마음에 심겨졌고 곧이어 싹트고 자라나기 시작했다. 아무리 노력해도 좀처럼 이루어지지 않는 일이 있는가 하면, 굳이 애쓰지 않아도 알아서 척척 진행되는 일이 있다. '통일'에 있어서는 후자에 가까웠다. 신비로운 이끄심이 있었던 것이다. 그 과정에서 나와 관심사가 비슷한 여러 친구를 만나게 되었는데, 재미있는 것은 그들의 삶도 나와 같았다는 것이었다.

친구들의 삶을 들여다보니 정말이지 통일을 향한 마음들이 한데 모이고 있는 것이 느껴졌다. 도대체 왜일까. 그리고 이건 무슨 뜻일까. 분명 전에는 흔치 않았던 일이었다. 젊은이들이 통일에 깊은 관심을 갖는 일, 개인 시간과 돈을 들여 북한에 대해 배우고 나누려 하는 그 뜨거운 열정과 헌신. 또 그런 청년들이 하나둘씩 늘어가는 시대적 변화…. 뭔가 이전과는 크게 달라지고 있었다. 그러면서 내 안의 작은 의문들이 조금씩 풀리기 시작했다. 통일의 비전이 우리 가운데 심긴 이유는 바로 이 시대와 우리 민족을 향하신 하나님의 뜻과 계획에 의한 것이라는 분명한 사실을 비로소 깨닫게 된 것이다.

나는 이 사실들을 더 많은 청년들과 나누고 싶었다. 이제는 더 많은 청년들이 함께 통일을 준비해 나가야 한다고 생각한다. 우리의 이러한 경험과 작은 노력들이 더 풍성한 '통일 청년 스토리'를 길어 내는 마중물이 되리라 믿는다.

이 책에 담긴 통일 이야기의 주인공은 모두 청년들이다. 20대 초·중반부터 30대 초반까지 남녀 대학생들과 젊은 사회인들로 다양하게 구성되어 있다. 아직은 지식이 얕고 경험도 부족하다. 그래서 우리 마음속 이야기들을 진솔하게 털어놓는 것이 다소 쑥스럽다. 하지만 우리 모두는 하나님께서 이 스토리를 우리 삶에 허락하셨다는 것을 믿는다. 또 통일을 위해 헌신하는 수많은 청년들 중에서 특별히 우리가 이 일에 먼저 쓰임받게 된 것에 큰 감사를 드린다. 우리는 부끄러울 것도 자랑스러울 것도 없다. 우리의 작은 이야기들이 모여 한반도의 통일을 원하고 바라시는 하나님의 큰 그림을 나타내 보일 수 있는 작은 퍼즐이 되길 소망한다.

특별히 이 책이 동시대를 살고 있는 청소년들과 청년들의 손에 들려졌으면 좋겠다. 그 어느 때보다 진로와 취업과 결혼으로 힘겹고 고달픈 일상을 살아 내고 있는 친구들에게, 미약하지만 우리가 삶 속에서 얻은 도전과 희망의 메시지를 던져 주고 싶다. 그리하여 '왜·지금·청년·통일!' 이 네 단어가 던지는 질문에서 분명한 답을 찾아, 불투명하기만 한 이 시대를 극복하고 자신의 삶을 뛰어넘는 놀라운 비전을 발견하기를 바란다. 또한 이 책을 통해 독자 모두가 우리와 동일한 그 부르심에 동승하길 기도한다.

이제 우리 모두 힘차게 그려 나가 보자!
너와 내가 함께 그리는 통일 청년 스토리

2015년 12월
통일 청년들을 대표하여
김경헌

깨우다

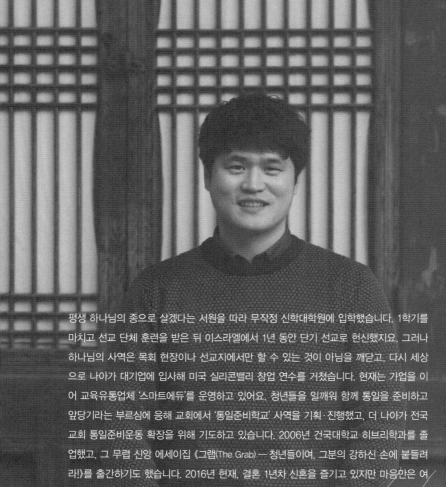

평생 하나님의 종으로 살겠다는 서원을 따라 무작정 신학대학원에 입학했습니다. 1학기를 마치고 선교 단체 훈련을 받은 뒤 이스라엘에서 1년 동안 단기 선교로 헌신했지요. 그러나 하나님의 사역은 목회 현장이나 선교지에서만 할 수 있는 것이 아님을 깨닫고, 다시 세상으로 나아가 대기업에 입사해 미국 실리콘밸리 창업 연수를 거쳤습니다. 현재는 가업을 이어 교육유통업체 '스마트에듀'를 운영하고 있어요. 청년들을 일깨워 함께 통일을 준비하고 앞당기라는 부르심에 응해 교회에서 '통일준비학교' 사역을 기획·진행했고, 더 나아가 전국 교회 통일준비운동 확장을 위해 기도하고 있습니다. 2006년 건국대학교 히브리학과를 졸업했고, 그 무렵 신앙 에세이집 《그랩(The Grab) — 청년들이여, 그분의 강하신 손에 붙들려라》를 출간하기도 했습니다. 2016년 현재, 결혼 1년차 신혼을 즐기고 있지만 마음만은 여전히 '뜨거운 청년'으로 남고 싶은 유부남이랍니다. *^^*

통일
그거 하나도
안 어려워!

모든 교회에서 통일을 준비하라

김 경 헌

절망 속에서 피어난
새로운 비전

뒤늦게 맞닥뜨린 현실   난 이스라엘이 좋
다. 그리고 유대인을 향한 특별한 관심이 있다. 내가 히브리학을 전
공하게 된 것도 그 땅에 대한 부르심이 있었기 때문이라고 생각한
다. 하나님의 종이 되겠다는 다짐, 평생을 하나님 나라를 위해 헌신
하겠다는 각오로 신학대학원에 입학하고, 이스라엘 선교를 다녀왔
던 것도 우연의 소산은 아닌 것이다.

2011년 2월, 약 1년간의 이스라엘 선교 활동을 마치고 막 한국
에 왔을 때, 신대원에 다시 복학해야 할지 아니면 사회로의 첫 발걸
음을 내딛어야 할지 혼란스러웠다. 나이 스물아홉, 뒤늦게 차가운
현실과 맞닥뜨렸다. 대학원 학비와 결혼 자금 마련이라는 두 가지

숙제를 도무지 동시에 풀 수가 없었다. 그러다 결국 난 취업을 결정했다. 물론 내 믿음이 흔들리고 연약해져서가 아니었다. 해외 선교를 경험하고 나서 '비즈니스 선교'에 대한 새로운 그림이 덧입혀졌기 때문이기도 했다.

뒤늦게 취업 준비에 돌입해 토익 공부를 하면서 신문으로만 보던 청년 취업난의 고달픈 현실을 체감했다. 언제부터 우리 사회가 이렇게도 살기 어려워졌을까. 청년들의 취업과 결혼이 당연한 인생의 수순이 아닌 매우 대단한 과업이 되어 버린 현실. 세상의 가치관과 유혹 앞에서 믿음으로 사는 삶이 위협받는 청년 세대. 과연 이제 나는 어떻게 살아가야 하는가. 전에는 체감하지 못했던 그 치열한 현실을 실감하는 한편, 그럼에도 이 현실의 삶을 살아 내야 한다는 결연한 의지로 일단 난 가릴 것 없이 수없이 많은 회사에 원서를 넣었다.

수십 번의 낙방 끝에 그해 여름, 모 대기업의 영업 관리직으로 입사하게 되었다. 열정을 품고 시작한 직장생활, 그러나 한 해를 지나면서 조금씩 회의감이 찾아들기 시작했다. 아니 더 솔직히 말하면 당장 내 일상에서부터 하나님을 찾기 어려웠다. 하루하루의 삶 속에서 믿음으로 숨 쉬는 것 자체가 너무 힘들었다. 부끄럽게도 주일예배 때 꾸벅꾸벅 졸다가 집에 오는 것이 내 신앙생활의 전부인 적도 많았다.

물론 힘겨운 직장생활 중에도 선교 비전을 발견하고 성령 충만

하게 살아가시는 분들도 많다. 그걸 모르는 건 아니었다. 그러나 나는 평생 '착실한 크리스천 직장인'으로 살아갈 자신(?)이 없었다. 이직을 고민하기 시작했다. 월급이 좀 적더라도 시간적으로 여유가 있는 중소기업이 더 낫겠다 싶었다. 전공과 경험을 살릴 수 있는 이스라엘 기업도 알아보았다. 그러던 차에 내게 '둘도 없는 기회'로 다가온 것이 바로 '벤처 창업'이었다.

2012년 가을, 부푼 꿈을 안고 떠난 미국 샌프란시스코. 약 6주간의 창업 연수 과정 끝에 글로벌청년창업 프로젝트 1차 데모데이demoday가 왔다. 그러나 예상치 못한 중도 탈락…. 내 영혼의 비전을 재점검해야 할 시점이 찾아왔다. 다시 어디서부터 어떻게 시작해야 할까. 나는 하나님의 인도하심 따라 회사를 그만두었다고 생각했는데, 많은 아픔과 위험을 감수해 가며 힘겹게 여기까지 달려왔는데…. 결국 내가 다 감당해 내야 할 판단 착오였단 말인가! 다시금 하나님으로부터 그 해답을 찾고 싶었다. 한국에 돌아가서 내가 해야 할 일, 그리고 분명한 비전. 다시 그것들을 찾아내기 전까지는 결단코 그냥 집으로 돌아갈 수 없었다.

홀로코스트박물관에서 '통일'을 생각하다　　　외가 친척들이 살고 계신 미국 동부로 3주간 여행을 떠나기로 했다. 다시 뜨겁게 품을 비전을 찾기 위해 절실한 인생 여행을 시작한 것이다. 워싱턴

D.C.에 있는 수많은 박물관 중 홀로코스트박물관을 제일 먼저 찾은 것은 바로 그 때문이었다. 사실 이스라엘에 있었을 때도 두어 번 '야드바셈'(홀로코스트박물관)을 방문했던 적이 있다. 그러나 이스라엘에서는 미처 느끼지 못했던 사실 한 가지가 그날따라 새롭고 특별하게 내 마음을 때렸다.

2차 세계대전 당시, 죽음의 아우슈비츠 수용소에서 힘겹게 중노동을 하다가 가스실에서 처참하게 목숨을 잃은 수백만의 유대인들. 왜 전에는 느끼지 못했을까. 그들 모습 속에서 난 오늘날 북한의 수용소에 갇혀 있는 우리 동포들의 모습을 보았다. 다시 반복되어서는 안 된다고 전 세계가 결의했던 인권 말살의 현장이 바로 지금 저 위쪽 땅에도 일어나고 있지 않은가! 아, 가슴이 천근만근 무거워졌다. 그리고 이것은 단순히 나만의 아픔이 아니라는 걸 직감할 수 있었다.

'아…. 제가 저들을 위해 무엇을 할 수 있겠습니까…?'

기도했다. 이제껏 북한을 위해 많은 기도를 해왔던 나였지만, 그때까지만 해도 그들을 위해 진실한 눈물을 흘린 적이 없었다. 그런데 그날은 달랐다. 비로소 북한을 향한 뜨거운 심장을 선물받은 것 같았다. 더불어 내 마음속에서는 끊임없이 '다가올 통일을 대비하라, 실제적으로 통일을 준비하라'는 소리가 들리는 듯했다. 통일….
'우리의 소원은 통일'이라고 막연히 바라기만 했을 뿐, 한 번도 가슴 깊이 그리고 간절히 생각해 본 적이 없었다.

가슴이 뛰었다. 심장이 뛴다는 건 내 영혼이 반응한다는 증거였다. 이것이 정말 내가 찾아 나선 하나님의 비전일까? 이를 확인하기 위해 남은 시간 더 기도하기로 했다.

통일 '사역'과 교육 '사업'의 비전　　　　　　　놀라웠다. 그날은 동부에 도착한 바로 다음 날이었다. 그리고 박물관에서 돌아온 그날의 첫 저녁 식사 자리는 더더욱 놀라웠다. 어떻게 인생 여행 첫째 날, 내가 기도했던 '사역'과 '사업'의 두 비전을 동시에 발견하게 되었을까. 일말의 기대조차 하지 않았던 일이었다.

"경헌아, 삼촌 생각에는 네가 어머니의 사업을 돕는 게 가장 좋을 것 같구나. 오래전부터 아버지께서 창업도 하시고 교재 개발도 하셨잖니."

외삼촌이 말씀하셨다. 그 조언에는 힘이 있었다.

고2 때 아버지가 돌아가신 후로 지금까지 어머니 홀로 우리 삼남매를 키워 오실 수 있었던 것은 바로 아버지의 사업을 이어받으셨기 때문이었다. 아버지 때부터 지금까지 약 18년 동안 이어 온 가업. 작은 규모였지만 우리 가족을 먹여 살린 집안의 기둥이나 다름없는 사업이었다. 그날의 저녁 식사는 아버지에서 어머니로 이어 내려온 교육 사업이 나에게로 연결되는 시간이었다.

다음 날부터 그 두 가지 비전에 대해 지속적으로 확인했다. 시간이 흐를수록 그 사역과 사업의 비전은 한결 구체화되고 견고해졌다. 무엇보다 내 영혼에 기쁨과 평안이 찾아왔다. 윤곽이 점차 선명해지고 있었다. 그것은 하나님으로부터 온 비전이 분명했다. 이제 남은 것은 그 비전을 어떻게 이루어 갈 것인가에 대한 방법과 전략을 세우는 것이었다.

특별히 나는 청년들과 함께 다가올 통일을 실제적으로 준비하고 통일 이후 북한과 한반도를 재건해 나가는 일을 꿈꾸게 되었다. 내가 어머니를 도와 함께 교육 사업을 하기로 결단한 결정적인 이유도, 바로 위와 같은 사역을 동시에 감당할 수 있는 시간적 여유가 허락되기 때문이었다. 또한 이 사업을 통해 차후 북한을 재건하는 창업가, 사회적 기업가로 미리 준비할 수 있다는 기대와 믿음이 있었기에 오래 망설이지 않고 선택할 수 있었다.

한국에 돌아와서는 곧장 교육 사업에 뛰어들었다. 마침 영업 시즌에 접어들어 매우 바빴다. 나는 남보다 늦은 만큼 더 열심히 거래처를 돌아다녔다. 일을 하면서 깨달은 한 가지 사실은 '모든 일에는 우연이 없다'는 것과 그 우연처럼 보이는 일 속에는 하나님의 섭리와 간섭하심이 있다는 것이었다. 이 교육 사업은 전에 내가 직장 생활을 통해 경험했던 영업 관리 업무와 비슷했다. 전 직장에서 경험했던 1년간의 시간들이 다 이때를 위함이 아니었나 하는 생각에 깊은 감사와 감격이 일었다.

열심히 영업을 해나가는 동시에 어떻게 통일 비전을 이루어 갈

까를 고민했다. 통일을 준비하는 청년들의 모임을 찾아보았으나 마땅치 않아, 내가 그 모임을 직접 만들어 보는 건 어떨까 하는 생각을 하기에 이르렀다.

그러던 2012년 12월 초, 내게 창업 기회를 마련해 준 철민 형제에게 고맙다는 인사를 전하다가 통일에 대한 나의 비전을 털어놓았다. 그러자 그가 반색을 했다. 때마침 통일을 준비하는 청년 네트워크를 구상하던 중이라는 것이다. 할렐루야!

당시 내가 출석하고 있던 한소망교회 청년부에서는 다음 해를 위해 새로운 양육 체제를 기획하고 있었다. 3개월 단위의 주제별 소그룹 제도를 도입하기 위해 리더를 모집하던 터였다. 나는 주저하지 않고 '통일을 준비하는 청년 소그룹'을 이끌겠노라는 의지를 밝혔다. 통일 준비 청년 모임을 어떻게 조직할까 고민했던 숙제들이 한순간에 해결되는 순간이었다.

이 모든 게 한국에 돌아온 지 약 한 달 만에 이루어진 일이다. 미국에 있을 때만 해도 생각지 못한 일들이었다. 하나님이 일하고 계심을 분명히 느낄 수 있었다. 과연 앞으로 어떤 일들이 일어날 것이며, 그 끝은 어디일까. 기대와 설렘이 더해 갔다.

창업의 꿈이 한반도 재건의 비전으로　　　창업, 기업가, 벤처기업, 창업 아이템. 한국에 돌아와서도 한동안 내 머릿속을 맴돌던 단어들이었다. 풍운의 꿈을 안고 시작한 창업 도전이었기에 그만큼 아쉬움도 제법 컸었다. 창업은 최소 세 번은 실패해야 네 번째에 성공한다는 실리콘밸리의 속설을 떠올리며 또 다른 아이템을 계속 찾아다니기도 했다.

당시 약 2개월 동안 다양한 스타트 업start-up 멤버들과 동고동락하며 창업 연수 과정을 수료했던 경험은 내게 돈 주고도 살 수 없는 큰 자산이 되었다. 비록 창업 초기에 더 진전하지 못하고 중간에 접어야 했지만, 오히려 그만큼 난 더 많은 것들을 집약해서 배울 수 있었다. 빠른 실패(사실 실패라기보다는 현명한 포기였다)를 통해 한 단계가 아닌 두 단계 더 성숙해졌다고 해야 할까. 어쨌든 그 경험을 토대로 어떤 일이든 다시 창업해 볼 수 있겠다는 자신감이 생겼다. 물론 '교육 사업'이라는 약소한 가업을 잇는 것이 가장 안전하다는 결론을 내리고 말았지만, 여전히 내 속에는 새로운 창업 비전을 그려 나가고 싶은 마음이 자리해 있었다.

창업 비전과 더불어 북한을 향한 기대감이 샘솟았다. 홀로코스트박물관에서 받았던 통일에 대한 뜨거운 비전은 북한 동포들의 생명과 자유에 대한 간절함에서 비롯된 것이었다. 그리고 그 후 나를 더욱 설레게 한 동력은 한반도 재건에 대한 기대감이었다. 통일 이후 이루어 갈 일과 해야 할 많은 일이 곧 창업의 기회와 터전으로 연결된다는 사실을 깨닫게 되었기 때문이다. 남북한의 심각한 소득 격차, 극심한 문화적 이질감, 판이한 사회 체제 등. 이러한 문제들을 해결하기 위해서는 새로운 통일 아이디어와 실행력이 필요한데, 이는 정부뿐만 아니라 기업과 민간단체 그리고 개개인의 노력이 한데 모여야만 가능한 일이다.

통일이 언제 올지 아무도 모르는 마당에 "벌써부터 북한을 위한 창업 준비?"라고 반문할지 모르겠다. 맞다. 통일의 때는 누구도 예측할 수 없다. 언제 어떻게 이루어질지 모르는 게 통일이다. 10년, 20년이 더 걸릴 수도 있고 독일처럼 어느 순간 갑작스럽게 닥칠 수도 있다. 그만큼 통일은 인간의 노력이 아닌 '하나님의 주권'에 의해 뜻하지 않게 이루어질 일인 것이다. 그렇기 때문에 난 오히려 지금부터 부지런히 통일을 대비해야 한다고 생각했다. 남북의 정세와 북한의 현 상황을 볼 때 정말 통일이 머지않았음이 분명히 느껴질 뿐더러, 우리가 실질적이고 구체적으로 통일 준비를 시작해야지만 하루라도 그날을 더 앞당길 수 있을 것이기 때문이다.

북한을 재건하는 일. 황무지 같은 땅을 옥토 밭으로 일구어 내는 일에는 땀 흘리는 노력이 필요하다. 그렇기에 더 의미 있고 더 가치 있으며 더 설레고 흥분되는 일이 아닐 수 없다. 어렸을 적부터 여러 가지 미래를 꿈꾸어 왔지만, 결코 변하지 않은 한 가지는 세상을 변화시키는 하나님의 종이 되겠다는 굳건한 신념이었다. 특별히 비즈니스 미션에 대한 소망을 품고 난 후로 창업과 기업가 정신에 대해 많은 고민을 해왔다. 그러던 차에 하나님의 눈물이 담긴 북한의 실상을 마주하게 되었다. 애써 외면했던 감정이 가슴 깊은 곳에서

부터 솟구쳤다. 하지만 남한의 현실 또한 크게 다를 바 없었다.

북한 동포들이 신음하고 아파하는 만큼 남한 사회도 점점 병들고 쇠약해져 가는 현실, 물질적 풍요는 더 풍족히 누리고 있으나 영혼은 더 메말라 가고 있는 현실 말이다. 회복이 필요했다. 남북 모두가 다시 살아날 수 있는 진정한 회복. 그 답은 당연히 '통일'밖에 없었다. 바로 이 큰 그림 속에서 나는 '한반도 재건'과 '창업 준비'라는 두 비전을 하나로 모으게 된 것이다.

청년들을 깨워야 했다. 나 혼자 할 수 있는 일이 아니었다. 함께 통일 한반도를 재건해 나가는 꿈을 꾸자고 외쳐야 했다. 이는 그들에게 부담을 주는 일이 결코 아니었다. 오히려 냉정한 현실 속에 낙담하고 목말라하는 청년들의 마음속에 시원한 한 모금 생수를 건네는 일이었다. 나는 그들에게 강렬한 도전을 주고 싶었고, 새로운 희망과 비전을 발견하도록 도와주고 싶었다. 그러나 무엇보다 대한민국 청년들이라면 이것이 우리가 꼭 붙잡아야 할 이 시대 하나님의 비전임을 말하고 싶었다.

그대, 청년이라면 통일을 준비하라!

제로Zero에서 시작된 모임 통일을 향한 간절한 마음으로 시작한 모임이었다. 2013년 1월 첫째 주일, 교회에서의 통일 준비 청년 소그룹. 청년예배 후 이어지는 약 열 개의 주제별 소그룹 중 하나였다. 그런데 아무도 오지 않았다. 덩그러니 나 혼자뿐이었던 것이다. 이 정도로 내 소그룹이 인기가 없을 줄은 몰랐다. 적어도 몇몇 친구들은 신청해 줄 줄 알았는데…. 손에 들린 열 장의 준비 자료가 괜히 부끄러워 슬그머니 감췄다.

한 주가 흘렀다. 안 되겠다 싶어 친한 친구의 손을 억지로 붙들었다. 또 나처럼 소그룹원이 모이지 않아 고민하는 타 소그룹 리더 형도 합류하기로 했다. 세 명이 모여 대책회의를 했다. 다른 소그룹은 적어도 8~10명씩은 모였다던데…. 통일 준비에 이렇게들 관심이 없다니…. 그저 당혹스러웠다.

그러나 세 번째 주에는 좀 달랐다. 갑작스레 다섯 명이 새로 들어왔다. 고맙게도 청년부 목사님이 보내 주신 것이다. 그런데 그들은 모두 우리 교회를 처음 나온 '새신자'들이었다! 서로 낯설고 어색한 분위기에 어떻게 첫 모임을 끝냈는지 모르겠다. 조금 당황스러웠지만 함께할 멤버들이 생겼다는 사실에 그저 감사했다.

우리의 모임은 늘 '북한어 퀴즈'로 시작했다. 약 열 가지 북한 단어를 제시하여 뜻을 맞추거나 남한에서 쓰는 단어를 북한에서는 뭐라고 말하는지 맞추는 팀 대결을 펼쳤다. 지는 팀이 다음 주 모임에 과자를 사오기로 하는 작은 벌칙을 거는 것만으로도 충분히 스릴 넘치는 게임이 되었다. 그러고 나서 북한에 대해 공부를 했다. 주차별로 주제 영역을 나누어 그에 맞는 발제 나눔을 하고 약 십여 분 동안 관련 동영상을 함께 보았다.

나는 '북한의 이해' 같은 교양 과목처럼 딱딱한 강의 분위기는 싫었다. 학술적 연구가 아닌 '실제적 통일'을 준비하기 위한 장을 마련하고 싶었기 때문이다. 통일 시대에 벌어지게 될 문제점을 예측하고, 앞으로 우리의 삶에 적용 가능한 해결점을 모색하며 각자의 의견을 자유롭게 나누는 시간이 되길 소망했다. 물론 그러기 위해서는 관련 기본 지식을 먼저 나누어야만 했다. 따라서 난 12주 동안 진행되는 이 모임에서 의식주 영역부터 사회, 문화, 정치, 경제, 종교, 가정, 교육 등 사회 전반에 대한 영역을 세분화하며 공부하기로 했다. 그리고 북한의 실상에 대해 준비한 자료를 공유하고 또 통일 이후의 삶에 대한 토론 주제를 미리 정하여 함께 나누도록 했다.

그러나 북한에 대해 전혀 관심이 없던 친구들의 입에서 통일 이후의 삶에 대한 다양한 의견이 나오기를 기대하는 건 무리였다. 사실 나 역시도 쉽지 않은 부분이었다. 다만 이렇게라도 다가올 통일 시대에 대해 한번 진지하게 생각해 본다는 것, 이를 위해 잠시나마 기도하며 동기를 부여한다는 것에 의미를 두었다. 함께한 소그룹원들도 몹시 만족해했다. 아예 관심조차 없었던 북한을 새롭게 알아 가는 즐거움을 누리며, 언젠가 우리 삶에 다가올 통일이라는 미래를 그려 보았던 시간…. 그들에게 새로운 상상력과 유익함을 제공해 준 소중한 자리가 아니었나 싶다. 12주 과정을 모두 성실하게 마친 소그룹 친구들의 간증문 일부를 실어 본다.

× 북한에 대해 전혀 관심이 없던 제가 북한의 실상과 새로운 여러 가지 사실을 알게 되었어요. 북한에 관심을 갖게 해주고 기사라도 하나 더 찾아보게 하고, 북한 관련 이야기에 더욱 귀 기울일 수 있게 해준 시간이었어요. _ 장은혜

× 내가 얼마나 많은 것을 누리며 살고 있는지 알게 되었어요. 북한과 통일을 위해서 기도하고 공부할 수 있다는 것이 참 감사합니다. _ 이원호

× 무엇보다 북한, 통일에 대해 관심을 갖게 되었습니다. 자칫 어렵고 딱딱할 수도 있는 주제를 재미있고 쉽게 접할 수 있었던 점도 좋았고, 나의

비전이나 은사, 직업과 연결 지어 보고 어떻게 사용하고 준비해야 할지를
고민해 볼 수 있는 감사한 기회였습니다. _ 권소연

통일비전 헌신예배

그해 4월, 두 번째 소그룹 '기대하라, 통일 한국!'이 다시 시작되었다. 생각보다(?) 괜찮다는 소문이 돌아서인지 이번엔 가장 먼저 열다섯 명의 정원이 다 채워지는 인기 소그룹이 되었다. 목사님을 비롯한 청년부의 큰 기대 속에 시작한 두 번째 소모임. 나 또한 부담을 갖지 않을 수 없었다. 그래서인지 이전보다 훨씬 더 자료 준비를 철저히 하게 되었다.

그로부터 한 달 뒤, 청년 행사의 일환으로 북한 전문 사역자 초빙 강연이 급히 추진되었다. 그 행사를 우리 소그룹에서 주관해 보라는 목사님의 특명이 떨어졌다. 이름하여 '통일비전 헌신예배'였다. 행사까지 허락된 시간은 단 2주뿐이었다. 고민과 부담이 되었다. 그러나 이미 발등에 불이 떨어진 상태…. '그래 좋아! 이왕 하는 김에 250명이 넘는 우리 청년 교회 친구들 모두에게 통일 비전을 확실히 심어 주자!' 하는 각오가 섰다. 그리고 기도했다. 그때 떠오른 아이디어가 '사행시 이벤트'였다.

※
통 통일이 되면 북한 지하 교회 교인들이
일 일어나 예수님의 복음을 들고 나아가
한 한반도를 넘어 저 예루살렘까지
국 국경을 넘어 온 열방에 주님 홀로 영광 받으시길

 QR코드를 찍으면
관련 영상을 보실 수 있습니다.

청년, 통일하자

앞의 '통일 한국 사행시'는 차후에 최우수작(이서영)으로 선정된 작품이다. 통일에 대한 간단한 설문 조사도 실시했다. '헌신예배'인 만큼 북한 전문 강사로부터 단순히 도전되는 말씀을 듣는 것으로 끝나지 않고, 모든 이가 함께 참여할 수 있는 장을 마련한 것이다. 또한 주보 안에 넣을 별지를 따로 제작하여 북한과 통일에 대한 간략한 정보와 기도 제목, 동영상을 링크한 QR 코드를 수록해 구체적인 통일 비전을 함께 품어 나갈 수 있도록 도왔다.

이는 고무적인 결과를 가져왔다. 며칠 후 한 친구로부터 관련 영상을 찾아보려면 어떻게 해야 하냐는 연락을 받았고, 또 다른 친구는 지난 예배를 통해 멘티가 북한에 대해 큰 관심을 갖게 됐다며 본인도 더 공부하고 싶으니 방법을 알려 달라고 물어 왔다. 심지어 회비를 내고서라도 들을 수 있는 북한 또는 통일 관련 세미나 등의 정보를 문의해 왔다. 깜짝 놀랐다. 북한에 대해 더 알고 싶다는 그 반응을 곱씹으며, 나는 이 모임이 나아갈 방향성과 미래를 생각해 보게 되었다. '기대하라, 통일 한국!' 모임의 필요성과 지속성에 대해서 말이다.

더 깊은 곳으로 몰아가시는 은혜   "형, 안녕하세요. 북한 교육 교재 만드는 일은 잘 되시나요? 책을 기다리는 사람으로서 궁금합니다."

어느 날 받은 문자였다. 지난번 '통일 한국, 청년이 말한다'라는 청년 포럼에서 만났던 이길호 형제였다. 그날 나는 "통일을 마케팅하라!"는 주제로 발표를 했었는데, 그날 참석했던 길호 형제는 강연 내용에 크게 공감한다며 모임 후 내 번호와 이메일 주소를 요청했었다. 그래서인지 내 기억 속에 깊이 남아 있던 친구였다.

문자를 확인하며 난 힘없이 실토하고 말았다. '아, 하나님…. 이제는 정말 발을 뺄 수도 없네요. 결국 또 책을 써야 하는군요.' 포럼에서 내 스토리와 통일 한국 소그룹 활동 사항을 전하면서, 교회 소그룹에 맞는 교재의 필요성을 강조했던 나였다. 이제 교재를 출간하고 통일 준비 소그룹을 한층 체계화하여 전국 교회로 확산해야 한다고 비전을 제시했던 것도 나였다. 그러나 그로부터 한 달간 나는 먼저 본업에 충실하자는 핑계로 아무런 시작도 못한 채 그저 고민하고 망설이고만 있었다. 그러던 차에 게으른 종을 채찍질하는 메시지를 받고 만 것이다!

사실 돌이켜 보면 모든 것이 하나님의 인도하심이었다. 한국에 돌아와 새로운 교육 사업을 시작하면서 소득은 다소 줄었지만 기도한 대로 일정 생활비는 벌 수 있었고, 무엇보다 자유로운 시간 선용으로 교회 사역도 동시에 감당할 수 있었다. 통일 준비 소그룹 모임뿐만 아니라 예상조차 못했던 갑작스런 헌신예배까지도 잘 감당하게 하시고, 또 미리 준비된 통일 청년 네트워크를 통해 서로 정기적으로 교제하며 포럼 강의까지 맡게 된 일련의 일들이 머릿속을 스쳐 갔다. 정말 모든 순간순간 속에 하나님의 섬세한 주권이 느껴져서 난 그저 깊은 감사의 찬양을 드릴 수밖에 없었다.

그런데 책 출간은 솔직히 부담 그 자체였다. 약 8년 전 대학을 졸업할 무렵 간증 에세이집을 정식 출간한 경험은 있었지만, 오히려 한 번 경험해 보았기에 그 일이 얼마나 고되고 외로운 작업인지를 잘 알고 있었다. 책 출간을 위해 약 5년 동안 혼자 마음고생했던 걸 생각하면 고개가 절로 가로저어졌다. '하지만 그런 경험이 있기 때문에 또다시 내게 책 집필 사역을 안겨 주신 것이 아닐까. 어쩌면 오늘의 이 사명을 감당케 하시려고 대학 시절 그 집필 경험을 미리 겪게 하신 건지도 몰라…' 하는 생각마저 들었다. 결국은 순복이었다. 또다시 고생하겠지만, 그래도 책을 간절히 필요로 하고 기다리는 사람이 있기에 도저히 거부할 수 없었다. 무엇보다 이 일에 직접 간섭하고 계시는 듯한 주님의 강한 손길을 뿌리칠 수 없었다.

사실 교육 교재인 만큼 내가 새로 지어 낼 이야기는 별로 없었다. 기존 자료를 가지고 쉽고 재미있게 편집 및 재구성만 하면 되는 작업이니 말이다. 그러나 그렇기에 더 고민되고 어렵게 느껴지기도 했다. 그러던 차에 또 다른 아이디어가 절로 떠올랐다. 교재와 함께 출간되면 더 좋을 책…. 바로 독자 여러분이 지금 손에 들고 있는 이 책의 출판 기획서가 내 머릿속에서 두둥실 떠오른 것이다.

통·청·스 프로젝트!

통·청·스! 우리는 그걸 통·청·스(통일청년스토리)로 명명했다. 사실 전부터 막연하게 이런 책이 나오면 좋겠다는 생각은 했었다. 어느 순간 내 삶에 등장하기 시작한 통일 한국에 헌신된 청년들…. 그들을 보며 저마다의 스토리를 한 권의 책으로 엮어 담아내면 좋겠다고 생각해 왔었다. 더 이상 미룰 것도 없었다. 이제 우리가 본격적으로 시작만 하면 되는 일이었다.

멀리서 찾을 것도 없었다. 함께할 집필진들은 우리의 네트워크 안에 있었던 것이다. 아니, 더 많았지만 그중에서도 본인의 참여 의사를 확인하고 스토리를 선별하는 작업이 필요했다. 약 2, 3주 후 전체 그림과 일정이 나왔다. 혼자 할 때와는 달리 여러 명이 함께 한다고 생각하니 더불어 나도 힘이 불끈 솟았다. 그러나 집필 작업은 생각보다 결코 쉽지 않았다. 서로 다른 각자의 스케줄을 조율하며 전체가 하나의 집필 방향으로 맞추어 나가는 노력이 필요했다. 또 처음으로 글쓰기에 도전하는 친구들을 돕는 과정이 정말 만만치 않았다. 그럼에도 불구하고 우리는 '같은 꿈'을 품기 시작했다. 각자의 사역과 소속된 단체가 있는 친구들이었지만, 통일을 염원하는 마음은 모두가 동일했기에 가능한 일이었다. 정기적으로 모여 회의하고 기도하는 시간을 통해 우리는 '통·청·스'를 통해 일하실 하나님을 더욱 기대했다.

청년들이여, 통일 스토리의 주인공이 되라!　　"꼭 통일이 되어야 해? 난 안 되는 게 더 좋을 것 같은데…?"

말문이 막혔다. 뭐라 답해야 할지 몰라 멈칫했다. 통일비전 헌신 예배를 마친 직후 한 친구가 다가와 내게 툭 던진 이 한마디 말에 가슴이 갑자기 먹먹해졌다.

통일을 반대하는 사람들의 기본 논리는 '지금 이대로가 좋다'는 것이다. 통일이 되면 남한 사회가 더 혼란스러워질 것이라는 주장이다. 그들은 그럴듯한 분석으로 어두운 전망만 늘어놓지만, 이는 곧 자신은 '피해 보기 싫다'는 이기적인 속내를 드러내는 것이나 다름없다.

결국 그것은 '무지' 때문이라고 생각한다. 우리가 왜 통일해야 하는지 그 당위성과 통일 편익便益에 대해 들어본 적이 없기 때문이다. 통일은 억압된 북한 동포들을 살리는 길일 뿐 아니라 침체되어 가는 남한 사회가 재도약할 수 있는 기회가 된다. 아니, 어떠한 이유를 떠나서라도 이는 지극히 당연한 우리 한민족의 숙명이요 과업이다. 그러나 그럼에도 대다수 젊은이들에게 통일은 아직 그들의 관심 밖의 문제다. 그래서 우리는 그들에게 통일을 교육해야만 한다. '이래서' 통일이 되어야 하고 '그렇기에' 통일을 준비해야 한다고 소리 내어 일깨워 주어야만 한다. 그리고 난 이런 일들이 특별히 각 교회에서 먼저 시작되어야 한다고 생각한다.

이 시대 한국 교회 청년들이 '생명력'을 잃어버린 이유가 무엇인

가. 세상 속에서 빛과 소금이 되자고 외치지만, 결국 밟히는 소금이 되고 꺼진 등불이 되기 시작한 근본 원인은 무엇일까. 단언컨대 나라와 민족을 사랑하는 마음을 잃어버렸기 때문이다. 애국하는 마음 없이 우리 가정, 우리 교회 그리고 나 자신만을 위한 신앙을 추구했기 때문이다. 먼저 그 나라와 그 의를 구하기보다는 개인의 성공과 욕심에 더 많은 시간과 노력을 쏟았기 때문이다.

나는 우리의 이러한 모습 때문에 아직까지도 북한의 문이 닫혀 있었다고 생각한다. 북한 지하 교회 성도들의 수많은 눈물 기도에도 불구하고 남한이 아직 준비되지 못해서 그동안 하나님이 통일을 허락하실 수 없었던 것은 아닌지 생각해 볼 일이다.

이제는 변해야 산다. *청년들이 먼저 달라져야 한다. 그들이 통일 시대의 이 나라를 이끌어 갈 주인공들이기 때문이다.* 따라서 한국 교회는 이들을 통일 일꾼으로 세워 나가야 할 의무와 책임이 있다. 교회는 준비된 통일이 그들에게 얼마나 큰 축복이 되는지 정확히 알려 주어야 한다. 통일에 대한 새로운 희망과 비전을 제시해 줄 뿐만 아니라 통일 이후의 어려움도 함께 생각하고 대비하여 통일 리스크를 최소화해야 한다. 이제는 특별한 부르심을 받은 몇몇 교회만 이 일을 감당할 것이 아니라 남한의 모든 교회가 연합하여 실질적인 통일 준비를 시작해야 한다. 이에 따라 통일 세미나를 열고 교육 시스템을 갖추어야 한다. 탈북민을 섬기며 통일을 미리 연습해 보는 것이 필요하다. 통일을 위해 기도하는 것은 물론이고, 전국의 신학교들마다 강력한 통일 운동이 일어나기를 바란다.

지금 너무 힘든 시대라는 것을 잘 알고 있다. 세계적 경제 불황에 따른 여파로 청년들이 '88만 원 세대', '삼포세대'라 일컬음 받은 지도 오래다. 대학 등록금을 내느라 빚을 내고, 그 빚을 갚느라 허덕이고, 취업을 위한 스펙 쌓기로 지쳐 가고 있으며, 대출 없이 결혼은 꿈도 못 꾸는 현실이다. 하지만 "먼저 그의 나라와 그 의를 구할 때 이 모든 것을 더하실" 하나님을 진정 믿는다면 자신에게 집중했던 그 눈과 마음을 이제 밖으로 돌려야 한다. 그리고 믿음으로 그 말씀을 살아 내며 그 말씀이 실체가 되는 것을 경험해 보아야 한다. 그것이야말로 우리가 추구해야 할 하늘의 평가표인 '영적 스펙'이며, 그러한 삶은 진정한 생명의 가치가 담긴 '스토리'가 된다.

이제 또 다른 '스토리'의 문을 열고 싶다. 정말 다양한 친구들의 열정이 담긴 스토리들이다. 나는 이 책을 읽고 있는 청년들이 우리의 작은 퍼즐들을 잘 맞추어 보길 원한다. 그래서 하나님이 그려 가시고자 하는 '통일'이라는 하나의 큰 그림을 알아 볼 수 있기를 기도한다. 그리고 더 나아가 이와 같은 통일 스토리가 우리 청년들의 삶 가운데 더 풍성하고 활발하게 시작되길 기도한다.

저요? '통일 전후의 사법적 회복'이라는 뜻을 품고 통일을 준비해 가는 법학도입니다. 삼대에 걸쳐 목회자를 배출한 집안에서 태어나 성경으로 글을 배웠어요. 저는 '꿈꾸는 자' 요셉을 가장 사랑합니다. 고려대학교 법과대학 재학 시절 북한 인권 실태에 문제의식을 갖게 된 후로 조국과 민족을 위한 선한 꿈을 꾸기 시작했어요. 학내 최초로 남북한 출신 재학생이 함께하는 북한인권학회 '리베르타스(LIBERTAS)를 만들었고, 청년 NGO 북한인권학생연대 제5대 대표를 역임하기도 했죠. 졸업 이후 "선행을 배우며 정의를 구하며 학대받는 자를 도와주며 고아를 위하여 신원하며 과부를 위하여 변호하라 하셨느니라"(사 1:17)는 말씀을 붙들고 고려대학교 법학전문대학원에서 법조인이 되기 위한 과정을 밟아 나가고 있어요. 유치원 입학 이래 어딜 가나 리더의 자리에 서게 되네요. 현재는 고려대학교 공익법률상담소 CLEC의 회장으로 섬기고 있습니다. *^^*

통일 한국의 리더를 꿈꾸는 당신에게

청년 NGO 대표가 말하는 통일 한국

정영지

눈물로
씨를 뿌리는 자

책을 쓸 정도로 멋
지고 극적인 삶을 산 사람도 아닌 내게 집필 의뢰가 들어왔다. 과연
내가 쓸 수 있을까? 아니 써도 되는 걸까 잠시 망설였지만 이내 흔
쾌히 수락했다. 대학 생활을 마무리 짓는 시점에서 나 스스로도 살
아온 지난 시간들에 대한 변명이 필요했고, 집필 과정 자체가 내게
큰 위로가 되리라 생각했기 때문이었다. 그런데 첫 글자를 타이핑하
기까지 이토록 오랜 시간이 걸리게 될 줄은 몰랐다. 내 안에 정돈되
지 않은 생각과 감정들이 끊임없이 줄다리기를 해댔기 때문이다. 이
책이 독자들에게 읽힌다는 것은 내가 마음의 전쟁에서 끝내 승리
했다는 것을 뜻한다. 이를 위해 참으로 많은 이들의 기도와 나 자신

의 인내가 필요했다.

이제 솔직하고 담담하게 북한 인권과 통일에 대한 나의 생각, 노력, 꿈 그리고 이를 품는 과정 속에서 경험한 희망과 좌절을 풀어놓으려 한다. 이 짧은 글 안에 나의 진심이 얼마나 잘 녹아들지 모르겠다. 다만 이 글을 읽게 될 누군가에게 나의 실패가 도전이 되고, 나의 상처가 위로가 되며, 나의 아픔이 용기가 될 수 있다면 참 좋겠다는 소망을 품고 이야기를 시작한다.

× 　눈물을 흘리며 씨를 뿌리는 자는 기쁨으로 거두리로다
　　(시 126:5).

어머니의 기도

북한 인권에 관련된 활동을 하면서 가장 많이 받았던 질문은 "어떤 계기로 이런 활동을 시작하게 되었냐"는 것이다. 사실 단 하나의 동기를 꼬집어 대답하기가 무척 어렵다. 어느 순간부터 북녘을 향한 마음을 품게 되었는지 찬찬히 곱씹어 보아도 나에게 특별하다고 여겨질 만한 사건이 없었다. 아주 근사하고 멋진 체험 끝에 통일과 북한 인권에 비전을 갖게 되었다고 말할 수 있으면 참 좋을 텐데…. 그 마음은 나도 모르는 사이 아주 자연스럽게 내 가슴 한곳에 자리 잡았다.

어렴풋이 짐작이 가는 것은 어머니의 기도다. 일평생을 청렴하고 정직하게 목회를 해오신 나의 부모님은 하나님께서 이 나라와

민족을 얼마나 사랑하시는지 늘 강조하셨다. 우리 교회는 아주 작아서 어머니가 대표 기도를 맡으시는 날이 많았는데, 그때마다 북한을 향한 눈물의 기도를 빼놓지 않으셨다. 고통받는 북녘의 동포들을 긍휼히 여겨 주시고, 압제자의 허리를 꺾어 달라고 기도하셨다. 그렇게 이 나라와 민족을 위한 기도를 매번 반복하셨다. 언젠가는 그런 어머니가 이해되지 않아 진지하게 여쭈어 본 기억이 난다. 왜 우리 교회, 우리 가족과는 아무 상관도 없는 북한 사람들을 위해 기도 시간을 할애하시느냐고. 그러자 어머니는 평양에 부흥의 꽃이 피던 시절이 있었음을, 그리고 지금도 수많은 지하교인들이 어렵게 신앙생활을 이어 가고 있음을 말씀해 주셨다.

아버지도 마찬가지였다. 내가 사회를 이해할 수 있게 되었을 무렵부터 억압받는 북한 동포들에 대해 자주 이야기해 주셨다. 내가 역사와 정치에 큰 흥미를 갖기 시작하면서부터는 '자유'라는 가치와 분단의 현실에 대해 아버지와 깊은 대화를 자주 나누었다. 그러니 내가 북한 동포들의 자유와 통일, 대한민국의 회복에 대해 관심을 갖게 된 것은 지극히 당연한 일이다. 지금은? 어머니의 그 기도가 바로 나의 기도가 되었다.

고루한 애국심   선악을 분별할 줄
아는 지혜로운 사람이 되게 해달라는 부모님의 기도 아래 자란 나

는 남북한이 극명한 차이를 보이는 원인에 대해 깊은 관심을 갖게 되었다. 대학에 진학해 법학을 공부하면서도 끊임없이 남북한의 차이점에 대해 고민했다. 유구한 역사를 공유해 왔고 일제의 억압 속에서도 한마음으로 대한 독립을 외치던 우리는 무엇 때문에 헤어질 수밖에 없었을까. 한때는 서로 사랑했던 우리가 왜 이렇게 된 걸까. 나는 마치 헤어진 연인을 그리워하는 심정으로 분단된 우리의 현실을 안타까워했다. 그리고 남과 북의 이별 이유였던 '성격 차이'에 대해 연구하기 시작했다. 한 지붕 아래 살고 싶지 않다며 뛰쳐나간 사랑하는 이의 마음을 헤아려 보고자 공부를 시작했다고 하면 적절한 비유가 될까.

북한의 일인당 국내 총생산^{GDP}은 남한의 3.6퍼센트에 불과하다. 이는 다른 공산권 국가인 중국, 베트남, 라오스 등에도 훨씬 못 미치는 수준이다. 분단 직후 남한과 체제 경쟁을 하며 스스로를 경제적으로 평등하고 잘사는 사회로 선전하기도 했던 북한의 모습은 더 이상 찾아보기 어렵다. 북한 사회 내부의 빈부 격차가 이루 말할 수 없이 극심하다는 것도 이제는 반론의 여지가 없다. 국가의 흥망성쇠興亡盛衰를 지리적·민족적 요소로 분석하던 일부 정치·경제학자들을 당황하게 한 이 현실의 원인은 다름 아닌 '체제 구조'에 있었다. 그 사실을 깨닫게 되면서 나는 남북한 체제의 결정적 차이점은 '자유의 유무'에서 비롯된 것이라고 생각하게 되었다.

그것은 곧 내게 '예수 그리스도를 믿을 자유'를 뜻했다. 종교의 자유가 보장되지 않는 사회는 그 외의 권리 역시 보장되지 않는 사회일 가능성이 높다. 인권 탄압국으로 국제 사회의 지탄을 받는 국가들을 살펴보면 대개 종교의 자유가 인정되지 않는 경우가 많다. 이렇게 마땅히 누려야 할 인간의 권리가 억압되면 그 사회는 자생적으로 민주주의를 일구어 나갈 동력을 잃게 된다. 경제 또한 소수 기득권이 독점하는 구조로 귀결될 수밖에 없는 한계를 갖는다. 인류 역사 속 수많은 나라들이 자유를 확장시킴으로써 흥했고 자유를 억압함으로써 쇠했다는 것을 깨달으면서 나는 한반도의 역사를 새롭게 바라보게 되었다.

같은 조건, 아니 북한보다 더 열악한 조건에서 출발했음에도 우리 대한민국은 격동의 시대를 성공적으로 헤쳐 나왔다. 나라를 사랑한 독립투사들은 불굴의 의지로 이 나라를 지켜 냈다. 우리 아버지 세대는 잿더미 속에서 눈물과 땀으로 산업화의 기적을 일궈 냈다. 선배 세대 역시 눈물과 피로 민주화를 쟁취했다. 세상에 이보다 더 멋진 나라가 있을까. 존경스럽고 또 존경스러웠다. 지금 우리가 누리는 경제적 풍요와 민주적 자유는 거저 주어진 것이 아니었음을 알게 된 것이다.

우리 대한민국의 역사는 한마디로 '자유의 확장' 그 자체였다. 이에 나는 한 가지 사명감을 품게 되었다. 우리 세대에게는 통일의 대업을 완성시켜야 할 임무가 있다고 생각한 것이다. 이제 북녘 땅에도 자유를 확산시켜야 하고, 누군가는 반드시 그 일을 해내야 한다고 말이다. 그것은 우리의 희생을 필요로 하는 일이었다.

　이런 이야기를 또래 친구들과 나눌 때면 '고루하다'는 평가를 받곤 했다. 기성세대의 영웅담에 심취되었다느니, 어리석게도 애국심이라는 철 지난 '국뽕'을 맞았다느니 하는 냉소가 이어졌다. 적어도 내게 애국심은 고루한 것이 아니었다. 그것은 하나님이 내게 주신 조국과 가족 그리고 나 자신을 사랑하고 섬기는 마음, 당연히 품어 마땅한 마음이었다.

믿을 수 없는 이야기　　　　　　　　　2012년 봄이었다.
훗날 내가 대표를 맡게 된 청년 NGO '북한인권학생연대'의 '북한 전문가 아카데미'를 수강하게 된 시기 말이다. 법률은 한 국가의 사회 구조를 반영하는 '똑똑한 거울'과도 같지만, 거울 밖의 세상에 대해서는 침묵할 때가 많다. 법학을 공부하는 것만으로는 알 수 없는 진짜 세상을 알고 싶다는 열망으로 아카데미를 듣게 되었다. 강연을 들으면서 어렴풋이 알고 있던 것 이상의 북한을 알게 되었다. 언제부터인가 학교 수업 시간에 북한을 언급하지 않게 되어서인지 북한을 그저 '이상한 나라', '독재 국가', '가난한 나라' 정도로만 인식하는 사람들이 많아졌다. 나 또한 이전까지 북한을 겉핥기식으로만 알고 있었다. 그런데 생생한 현실을 마주하게 되면서 21세기에 존재할 수 없는 끔찍한 일들이 버젓이 자행되고 있는 기형적 사회로서의 북한을 직시하게 되었다.

아카데미를 통해 북한이탈주민(이하 탈북민) 친구들을 만나고 알게 되기 전까지 나는 탈북민 대학생과 한 캠퍼스에 다니고 있다는 사실을 몰랐다. 처음에는 내 또래의 학교 친구 중에 탈북민이 있다는 사실이 마냥 신기했다. 그들의 입을 통해 전해 들은 생생한 북한 실상은 충격 그 자체로 다가왔다. 배가 고파 소를 잡아먹으면 공개 총살을 당하는 사회, 할리우드 영화를 몰래 봤다는 이유로 정치범 수용소에 끌려가는 사회, 성경을 접했다는 이유로 가혹한 고문을 가하는 사회, 이웃과 가족 간에 서로를 감시하고 비판해야만 살아남는 사회, 출신 성분에 따라 선택할 수 있는 학교와 직업이 태생적으로 규정되는 사회. 하나같이 믿을 수 없는 이야기들이었다.

이런 현실에 대해 이야기하지 않는 우리 사회가 기이하게 느껴질 정도였다. 2만 8천 명이 넘는 탈북민들이 왜 사선을 넘어 대한민국에 올 수밖에 없었는지에 대해 우리는 너무 무지했고 무관심했다. 무언가 잘못됐다고 생각했다.

고려대학교 북한인권학회 '리베르타스'의 탄생　　당장 내가 할 수 있는 일은 많지 않았다. 그렇지만 작은 일이나마 실천해 보고 싶었다. 마침 고려대학교에 재학 중인 탈북민 친구들이 학교생활 가운데 겪는 고충을 토로해 왔다. 학내 분위기가 북한 인권 이슈와 탈북민에

청년 하자

열혈 청년들이 만들어 가는
귀 일 · 놀 일 · 이 야 기

김경헌 정영지 김진평 곽우정 기친미 박이름 나루은

대해 결코 우호적이지 않다는 건 알고 있었지만, 새로운 변화를 일으켜 보고 싶다는 생각이 들었다. 돌이켜 보면 우리 사회의 진일보 중심에는 늘 학생들이 서 있었다. 학생들이 깨어 있어야 새로운 시도가 이루어질 수 있다는 생각에 용기를 냈다. 학생 때에 내가 할 수 있는 일이 반드시 있을 거라고 확신했다. 생각 끝에 나는 고려대학교에 북한인권학회를 만들기로 결심했다.

2012년 8월 15일, 뜻을 함께하는 일곱 명의 멤버가 고려대학교 신법학관에 모였다. 세 명은 탈북민이었다. 한 사람 한 사람 직접 만나 북한 인권과 통일에 대한 비전을 나누고 설득하는 과정을 거쳤다. 그리하여 고려대학교 최초로 탈북 대학생들과 함께하는 북한인권학회 '리베르타스'LIBERTAS가 탄생했다. 학회 이름 리베르타스는 라틴어로 '자유'라는 뜻이다. 고려대학교 표어인 자유·정의·진리 중 첫 번째 것을 따온 것이다. 리베르타스는 '청년 지성의 양심'이란 슬로건을 내걸고 캠퍼스 내에 잠들어 있는 양심을 흔들어 깨우기 위한 준비를 시작했다.

리베르타스의 첫 번째 목표는 열악한 북한 인권 실태를 대학가에 알려 북한에 대한 인식을 바로잡는 것이고, 둘째는 탈북민 대학생들의 원만한 교내 정착을 돕는 것이었다. 우리는 가을 학기가 시작되자마자 왕성한 활동을 펼쳤다. 9월 중순까지 회원 수가 크게 늘어 스물다섯 명이 모였다. 매주 진행되는 세미나에서는 발제자를 정해 북한 인권 이슈들을 하나씩 짚어 가며 토론하는 시간을 가졌고, 전문가를 초청해 공개 강연회도 열었다. 또 고려대학교 민주광장에서 이틀간 '북한 인권 사진전'을 열어 학내외로 큰 호응을 얻었고, 탈북 대학생들과 진솔하게 교류하는 문화제 '북파티'北Party를 개최해 언론의 조명을 받기도 했다. 회원들이 함께 노력해 공모전에 입상하기도 했고, 한 학기에 엠티를 세 번이나 갈 정도로 친밀하면서도 역동적인 학회를 일구어 나갔다. 한편으로는 탈북민 대학생들의 학업을 돕는 튜터링과 함께, 고려대학교에 진학하고자 하는 탈북민 청소년들을 위해 일대일 멘토링도 진행했다. 이들의 진학 상담을 하다 보니 고려대학교가 개선해야 할 탈북민 입시 전형과 입학생들의 사후 관리에 대한 문제점이 보였다. 이에 정책 제안서를 작성해 총장님께 전달하기도 했다. 그리고 매 학기 교지 '페이스북'Face北을 발행해 북한의 실태를 학내에 널리 알렸다.

현재 6기(2015년 2학기)에 이르는 리베르타스는 학내에 북한 인권 실태를 알리기 위해 지금도 열심히 달리고 있다. 학업과 취업에 전혀 도움이 되지 않는 활동임에도 많은 후배들이 선한 동기를 가지고 참여해 주고 있어 감사하다. 특히 북한에서 온 후배들은 신분 노출의 위험을 감수하며 사명을 다해 활동하고 있다. 나는 존경스러운 이 청년들이야말로 통일 대한민국의 희망이라고 믿는다.

리베르타스를 통해 나는 진정한 통일을 보았다. 물론 순수한 열정을 품은 우리조차 하나가 되는 과정이 쉽지 않았다. 남한 청년들은 불확실한 미래에 통일이 커다란 부담으로 다가올까 염려했고, 탈북민 청년들은 남한 사회에서 느낄 수밖에 없는 소외감과 박탈감으로 괴로워했다. 그러나 우리에게는 동일한 꿈이 있었다. 하나 된 조국에서 모두가 자유롭게 숨 쉴 수 있는 정의로운 미래를 꿈꾸며 서로 다른 의견들을 좁혀 나갔고, 밤새워 통일 한국의 청사진을 그려 내기도 했다. 그리고 마침내 그 꿈 안에서 우리는 하나가 될 수 있었다.

도전하는 청년 NGO 북한인권학생연대　　　　2013년 3월, 학회를 후배들에게 물려준 나는 북한인권학생연대 제5대 대표로 취임했다. 고려대학교라는 울타리 안에서 추진하기에 한계를 느꼈던 일들을 전국 단위로 해볼 수 있으리라는 기대를 품고 대표직을 수락한 것이다. 특히 리베르타스의 활동들이 언론을 통해 소개되면서 상당히 많은 대학생들이 나와 비슷한 비전을 가지고 있다며 연락을 해왔다. 자신도 도움이 되는 활동을 하고 싶은데 어떻게 시작하면 좋겠느냐고 조언을 구하는 일이 많았다. 그런 학생들에게 조금이나마 도움을 주고 싶다는 생각이 컸다.

대표로 취임하게 된 북한인권학생연대는 2003년 설립된 우리나라 최초의 대학생 북한 인권 비영리 민간단체로 대학가에 북한 인권의 열악한 실태를 알리기 위한 캠페인, 교육 사업 등 다양한 활동을 전개하고 있다. 매 학기 진행되는 '북한 전문가 아카데미'는 각 분야 전문가들의 강연으로 구성되는데, 매회 약 100명의 대학생들이 참가할 정도로 인기가 많다. 또 남북 대학생들로 구성된 자원 봉사단 '울림'은 서울시 우수봉사단체로 선정된 바 있다. 대학 캠퍼스들을 순회하며 사진전, 서명 운동 등의 활동을 펼치는 캠페인단 역시 활발하게 운영되고 있다.

2013년 새로 시작한 '대학생 북한법연구회'는 우리나라에 생소한 북한법의 개론을 제공하여 법학도들 사이에서 큰 호응을 얻었다. 특별히 내가 대표로 취임하여 강조한 '문화를 통한 전 국민적 소통'을 위해 상반기에 탈북 아동들을 돕기 위한 자선 콘서트가 기획되었는데, 감사하게도 약 스무 개 대학 동아리들이 참여해 주었다. 하반기에는 아름다운 남북 청년 합창 공연 '북녘의 봄을 노래하다'를 무대에 올렸다. 여름방학에는 전국을 순회하며 '북한 인권 사

진전'을 진행했으며, 겨울에는 세계인권선언의 날을 기념하여 모의
유엔대회를 개최해 한 해 활동을 마무리 지었다.

　2013년 6월에는 전국의 북한 인권 청년단체들을 하나로 묶을
수 있는 '전국대학생북한인권협의회'가 출범했다. 뿔뿔이 흩어져 있
던 단체들이 힘을 하나로 모아 큰 목소리를 낼 수 있을 것이라고 기
대를 모았다. 협의회는 현재 약 열 군데의 북한 인권 단체와 동아리
들로 구성되어 있으며, 북한 관련 각종 사회 현안들에 대한 기자회
견과 토론회, 북한 인권 UCC 공모전 등을 개최해 왔다. 현재는 북
한 인권법 통과를 위한 캠페인을 전개하며 지속적으로 활동 영역을
넓혀 가고 있다.

　이렇게 나열해 놓고 보니 이 많은 일들을 어떻게 다 해냈는지 신

기하기만 하다. 주변의 도움과 이해가 없었다면 절대 불가능했을 것이다. 대표직을 수행하면서 "악의 승리에 필요한 유일한 조건은 선한 사람들이 수수방관하는 것이다"라는 에드먼드 버크의 말을 종종 떠올리곤 했다. 혼자인 것 같은 기분이 들 때마다 나는 북한인권학생연대를 거쳐 간 많은 얼굴들을 떠올린다. 우리 사회에는 북한의 열악한 인권 실태를 안타까워하고 통일을 꿈꾸는 청년들이 아주 많이 있다. 그래서 나는 통일 대한민국에 희망이 있다고 자신 있게 말할 수 있다.

여기
꿈꾸는 자가 오는도다

상처   세상에는 다양한
생각이 공존한다. 그래야 한다. 어떤 이는 북한 사람들보다는 남한
사람들부터 챙겨야 한다고 생각하며, 또 어떤 이는 아프리카 사람
들의 형편을 더 걱정하기도 한다. '틀린' 생각이 아니라 '다른' 생각
이다. 다른 환경에서 다른 배경을 가지고 성장한 사람들이 전부 같
은 생각을 한다면 그것이 더 이상한 일 아닐까. 만약 누군가 북한
인권 문제에 마음을 품고 헌신하고자 한다면 제일 먼저 이 점을 기
억해야 할 것이다.

나의 경우, 처음에는 달리 반응하는 사람들을 받아들이지 못했
다. '북한에 비하면 우리나라 사람들은 정말 풍족한데, 먼 이국땅의
사람들을 걱정하기 전에 피를 나눈 북한 동포들부터 챙겨야 하는
것 아닌가?' 하는 생각을 가졌던 것이다. 그렇지만 그것이 매우 미
숙한 생각이었음을 고백한다. 같은 현상을 접해도 반응은 천양지차
다. 이 점을 간과해서는 안 된다는 것을 강조하고 싶다. 그러니 그대,
차갑게 외면당하거나 납득시키지 못했다고 해서 부디 상처받지 말
기를 바란다.

이제 내 가슴속의 이야기를 시작하려고 한다. 통일을 꿈꾸면서,

북한 인권 문제에 사명감을 갖게 되면서 나는 사람들로부터 최상의 찬사를 듣기도 했고, 상상도 못한 축복을 받기도 했다. 그러나 그 화려함의 이면에는 나 혼자서 감당해야 했던 아픔이 있다. 혹시나 북한 인권 활동이 멋지고 선한 일이기 때문에 모두가 칭찬하며 공감해 줄 것이라고 생각하는 사람이 있다면, 그렇지 않다고 분명히 말하고 싶다. 나는 그 점을 머리로는 알고 있었는데 막상 현실로 다가오니 큰 상처가 되었다.

지금 그 상처의 일부를 여러분과 나누고자 한다. 이제와 돌아보면 아무것도 아닌 말 한 마디 한 마디에 실족했던 순간들이 참 부끄럽지만, 이와 비슷한 길을 걸어갈 리더들에게 내가 겪었던 실패에 대해 이야기해 주고 싶다. 당신 잘못이 아니라고. 하나님의 자녀인 당신을 누구도 정죄할 수 없다고.

> ❌ 누가 능히 하나님께서 택하신 자들을 고발하리요 의롭다 하신 이는 하나님이시니(롬 8:33).

세상의 눈

'인권' 분야에 헌신하는 사람들은 으레 선한 일을 한다고 칭찬을 듣지만, 나는 '북한 인권'이라는 특수성 때문에 오해를 많이 받았다. 우리 사회에 북한을 둘러싼 정치적 갈등이 있기 때문에 필연적인 일이었다. 무언가 다른 목적성을 가진 게 아니냐며 의심의 눈길을 보내는 이도 아주 많았고, 정치적으로 편향된 사람으로 낙인찍는 이들도 있었다. 대학가의 좌파 성향 정치 진영에서는 대개 북한 인권 문제를 다루지 않기 때문에, 북한 인권 운동을 한다는 이유만으로 나를 '수구 꼴통'이라고 줄 세우는 사람도 있는 듯했다. 특히 그동안 알고 지내던 사람들 중 일부가 나를 점점 피하는 것 같은 느낌을 받았을 때는 정말 우울했다.

누구보다 가까이에서 내 활동을 지켜본 한 탈북민으로부터 "결국은 자기 야망을 채우려고 하는 것 아니냐. 순수한 의도인지 못믿겠다"는 평가를 받았을 때는 더욱 괴로웠다. '순수한 게 도대체 뭐지?' 수백 번 자문했다. 선한 의도를 품고 내 진로와 계획을 포기해가며 이 자리에 왔다고 생각했는데, 가장 가까운 사람으로부터 인정받지 못한 것이다. 이 일로 한동안 무척 괴로웠다. 그런 내게 많은 선배들이 "탈북민들은 북한이라는 사회에서 '불신'을 강제적으로 체득한 사람들이다. 그러니 완전히 씻기지 않은 그들의 의심을 이해하라"는 위로를 건네기도 했다.

오해는 나에게만 쏟아지지 않았다. 학회원들 또한 학회 활동을 오해하고 의심하는 수많은 이들을 상대해야 했다. 자신의 주관적 성향에 따라 우리 학회를 '극우' 혹은 '극좌'로 낙인찍는 학생들도 많이 있었기 때문이다. 실제로 우리가 개최한 사진전에 찾아와 사회주의를 비판하지 말라며 언성을 높인 학생도 있었고, 누군가 우리 학회 포스터를 고의로 훼손한 일도 있었다. 또 교내 곳곳에 배포한 정성 담긴 교지를 전부 가져다 버리는 경우도 있었다.

학회 내부 운영에 있어서도 어려움이 발생했다. 통일로 나아가는 바람직한 길에 대한 다양한 생각들이 존재하기 때문에 단일한 정체성을 세우는 것이 몹시 어려웠다. 우리 학회가 창립되었던 2012년에는 대통령 선거를 앞두고 있어 후보들의 대북관과 안보관을 두고 회원들 간에 언쟁이 붙기도 했다. 부끄럽게도 리더로서 나는 그들 모두를 품고 가는 방안을 찾지 못했다. 신생 학회이니만큼 목표와 노선이 명확해야 한다고 생각했다. 이를 위해 회장으로서 강력하게 입장 표명을 함으로써 분명한 비전을 제시해야 한다고 생각했다. 이 과정에서 의견 차이를 좁히지 못한 일부 회원들이 학회를 이탈했다. 나는 혼란스러웠다.

"이는 내가 사랑하는 백성이라"　　　　　마음을 미처 정리할 여유도 없이 학회장 임기가 종료되었다. 후배들이 학회를 더욱 잘 이끌어 줄 것을 믿으며 나는 NGO의 대표로 취임하게 되었다. 주어진 자리에서 묵묵히 맡은 일을 해나가면서도 해결되지 않은 물음과 상처들이 내 안에 고스란히 남아 있음을 느꼈다. 작은 도움이나마 될까 싶어 시작한 일인데 순수하지 않은 것 같다며 의심하는 탈북민들의 시선에도 지쳤고, 정치적 견해가 다른 주변인들과 관계가 벌어지는 것도 힘들었다. 내가 믿고 걸어가는 길에 대해 점점 회의가 들기 시작했다.

북한 인권 협의회를 준비하면서는 더 힘든 일이 닥쳐왔다. 순조롭게 진행될 줄 알았는데 첫 출범일부터 단체 간의 기 싸움장이 되어 버린 것이다. 출범식 세미나에 참가한 한 대학생 단체는 자신들을 멋대로 협의회에 참여시켰다며 공개적으로 사과하라고 내게 분을 냈다. 또 다른 단체는 자신들은 탈북민 돕기에만 관심이 있지 통일이나 북한 인권 문제에는 관심이 전혀 없다며 협의회 합류에 불편한 심기를 드러내기도 했다. 얼마 있지도 않은 단체들이 힘을 모아도 역부족인 판에 절차와 서열을 따지며 부정적인 발언들만 쏟아놓는 대표들을 보니 통일은커녕 우리끼리의 단합도 어렵겠구나 하는 마음이 들었다.

그런 꽉 막힌 가슴을 안고 가을을 맞았다. 섬기는 교회의 철야기도회에 참석해 기도를 드리던 중, 나도 모르게 내 안의 상처를 하나씩 꺼내며 하나님께 하소연하기 시작했다. 사실은 내 마음이 아직도 많이 아프다고. 내 안에 해결되지 않는 미움이 있다고. '북한'이라는 단어를 떠올릴 때마다 외면하고 싶다고. 나도 이제 내 유익부터 챙기면서 그렇게 살면 안 되겠냐고. 세상의 온갖 평가와 오해들, 멀어지는 친구들, 점점 틀에 박혀 가는 나에 대한 이미지들. 이제 정말 그만하면 안 되겠냐고.

"딸아, 너는 그들이 미울지라도 이는 내 사랑하는 백성이다. 이는 내 사랑하는 백성이라. 내가 그들을 사랑하노라."

하나님의 메시지가 강렬하게 내 마음을 때렸다. 순간 8개월간 마음고생한 기억이 봇물처럼 밀려오면서 울음이 터져 나왔다.

"하나님, 도대체 제가 뭘 하기를 원하세요?"

"내가 너를 높이 세우기를 원한다. 강하고 담대하기를 원한다."

"하나님, 그러면 제게 담대함을 주세요. 이제 더는 세상의 눈을 의식해서 실족하거나 시험에 들지 않도록요. 또 지혜를 주세요. 세상의 것과 하나님의 것을 분별할 수 있는 지혜를 주세요."

정신을 차리고 보니 원망과 혼란은 온데간데없이 사라지고 나도 모르게 서원을 올리는 기도를 하고 있었다. 기도회가 끝날 쯤에는 눈가에 가득 차올랐던 눈물이 모두 마르고 마음 가득 평안이 임했다. 교회 문을 나서면서 나는 8개월 만에 활짝 웃을 수 있었다.

인격자 하나님   돌이켜 보면 모두 은혜인데 세움의 과정 속에서 참으로 과하게 하나님을 의심하고 원망하고 오해했다. 마음이 어려워질 때마다 나만 괜한 피해를 보고 있다는 불평이 올라왔다. 그러나 이 모두가 내 삶 가운데 직접 역사하시고 오래 참으시는 하나님을 체험할 수 있는 귀한 기회였음을 깨닫게 되었다. 혼자 모든 것을 감당해야 한다고 생각했던 것도 어리석음이었음을 알게 되었다. 늘 나와 동행하시는 사랑 많은 그분께서 자갈밭과 가시밭길을 만난 나를 어김없이 번쩍 들어 안고 대신 그 길을 걸어가신다는 사실을 나는 잊고 있었다. 나를 실족케 하는 것은 사람들이나 그 사람들의 말이 아니라, 나를 올바른 길에서 벗어나게 하려는 시험 그 자체일 뿐이기에 사람을 미워할 필요가 없다는 것을.

내가 만난 하나님은 인격적인 분이시다. 그분의 사랑으로 말미암아 우리 그리스도인들은 어떤 어려움도 넉넉히 이길 수 있음을 나는 믿는다. 상황이 어렵고 미래가 불투명한 가운데도 북녘의 해방과 한반도 통일을 꿈꾸는 이유는 '예수 믿을 자유'보다 앞선 가치는 이 땅에 없다고 믿기 때문이다. 또 주님께서 말씀하신 것처럼 그분이 사랑하시는 백성을 위해 누군가 행동하기를 기대하신다는 것을 잘 알기 때문이다. 아무리 미약한 몸짓이라도, 듣는 이 없는 목소리라도 그분은 우리가 '생명'을 위해 일하기를 원하신다. 그래서 나는 결코 걸음을 멈출 수 없다.

위로 자격증　　　　　　　　　　　　신념을 갖고 행동하는 것까지는 좋았는데, 그에 따라 놓치게 되는 것들이 있었다. 내 진로 문제가 그랬다. 애매한 시기에 법대에 진학한 바람에 사법 시험과 법학전문대학원 사이에서 고민을 해야만 했던 나는 시행착오 끝에 로스쿨 진학을 결정했다. 그런데 친구들이 입시에 필요한 영어 성적을 1점이라도 올리려 스터디를 꾸리고 책과 씨름할 때, 나는 탈북 고아들을 위한 전 국민적 캠페인을 구상하느라 당장 시험 준비에 집중할 수가 없었다. 정신을 차리고 보니 졸업반이었다. 학원 수업도 못 듣고 스터디도 하지 못한 채 부랴부랴 이런저런 시험을 치렀다. 내심 하나님께서 그간의 수고를 참작해 합격시켜 주시지 않을까 하는 깜찍한 기대도 가져 보았다.

그런데 내 점수를 보신 교수님께서 상황을 무척 안타까워하셨다. 입시라는 것은 어디까지나 규정에 따라 엄격하게 점수로만 평가되는 것이지 좋은 활동을 했다고 해서 참작이 되는 것은 결코 아니라는 말씀과 함께…. 그간의 경험들은 '인생이라는 시험'에서 평가될 것이라고 위로의 말씀을 주셨다. 은행잎이 수북이 쌓인 가을 길을 걸어 돌아오며 나는 하염없이 울고 말았다. 아니나 다를까. 쉽게 생각했던 입시에서 나는 연거푸 고배를 마시고 말았다. 처음에는 믿기지 않아서 뭔가 잘못됐나 싶은 생각까지 들었다. 그러나 다시 보아도 결과는 불합격이었다. 그분이 예비하신 완벽한 궤도를 따라가고 있다고 생각했는데, 예상치 못한 장벽에 부딪혀 계획이 틀어져 버린 것이다.

사람 마음이란 참 간사하다. 일이 내 뜻대로 풀리지 않자 또다시 하나님을 향해 얼굴을 찡그리는 나 자신을 발견했다. 탈북 대학생들을 돕는 일에 동참하기를 제안했을 때, 입시 준비하느라 바빠 자기는 못하겠다고 손사래를 치며 도서관으로 갔던 친구들이 속속들이 합격 소식을 전해 왔기 때문이다. '자기 앞가림도 못하는 처지에 누굴 돕는다고 그랬던 걸까' 하는 자책감이 밀려왔다. 나를 믿어 주신 부모님께도 죄송했고 교수님들, 장로님, 친구들에게도 면목이 없었다.

불합격 결과를 받아 들고 한참을 생각했다. 나는 계속해서 법을 공부해야 하는 걸까? 법조인이 되어서 무엇을 하고 싶은 걸까? 굳이 로스쿨이 아니어도 통일에 헌신할 수 있는 길이 있지 않을까? 현실과 타협해 버리고 싶은 생각이 들었다. 법조계에 종사하고 싶다는 나의 생각이 세상적인 욕심은 아닌지, 나는 단 한 번뿐인 일생을 법조인으로서 살아간다는 데 얼마만큼의 의미를 부여하고 있는지에 대해 고민을 시작했다.

그렇게 하나님께서는 1년간의 공백기를 내 인생에 주셨다. 미래에 대한 불안감이 극심해 하루하루 눈을 뜨고 싶지 않을 정도였다. 설상가상으로 오랜 지병이었던 피부병이 재발해 온몸을 뒤덮었다. 약 한 달간 외부 출입을 할 수 없었고 체중은 줄어만 갔다.

욥기를 읽으며 매일 울었다. 왜 내게 이런 시련이 닥쳤는지 알 수 없었다. 이런 건강 상태로는 로스쿨에 합격해도 아무 의미가 없다고 생각하니 눈물이 났다. 그래도 공부는 계속해야 했다. 어려움이 더해질수록 법조인이 되고 싶다는 열망이 커져 갔던 것이다. 나는 법조인이 되어 통일된 조국을, 예수 믿을 자유가 보장된 북녘 땅을 일구어 가는 데 이바지할 것이다! 그런 생각으로 이를 악물고 버텼다.

이 시기는 내게 커다란 불안과 벅찬 기대를 동시에 안겨 주었다. 물론 단 한 번의 치우침도 없이 곧은길을 걸어간다면 더할 나위 없겠지만 때로는 늪에도 빠져 보고 수풀 속에서 헤매도 보아야 늪에 빠져 있거나 수풀 속을 헤매고 있는 누군가에게 위로를 줄 수 있다는 생각이 든다. 이처럼 지독한 연단은 내게 지극한 소망을 안겨 주었다.

A dreamer   법조인이 되고 싶다는 열망이 그 어느 때보다 또렷해졌을 즈음 법학 적성 시험일이 다가오고 있었다. 공부를 마치고 잠자리에 들기 전 기도하는 중에 하나님께서 내게 힘든 숙제를 주셨다.

"영지야, 영지야…. 너 이번에 또 불합격하더라도 끝까지 나를 신뢰할 수 있겠니? 내게 한 약속을 지킬 수 있겠니?"

신앙은 내 골수에 새겨져 결코 지울 수 없는 것이라고 자부했던 나인데, 이 물음에 선뜻 대답하기 어려웠다.

"하나님, 갑자기 왜 이런 마음을 주세요? 시험이 바로 다음 주인데요! 이번에 합격시켜 주시면 제 삶을 하나님께 드리겠습니다. 정말 하나님 뜻대로 살게요!"

"그게 아니야. 합격이 아니어도 너는 나를 따르겠니?"

어려웠다. 당연히 배워서 알고 있다. '그럼에도 불구하고' 기도해야 한다는 것을. 그런데 내 일이 되니 결코 쉽지 않았다. 그 고백을 입 밖으로 내는 것이 너무나 어려웠던 것이다. 그렇게 한참을 끙끙대다 시험 사흘 전 드디어 나는 내 고집을 꺾고 완전히 항복했다.

"하나님, 경쟁자들에 비해 가진 것이 부족합니다. 그러니 제게 능력을 주셔서 능히 이 시험을 감당케 해주세요. 제가 법조인이 될 수 있는 마지막 기회입니다. 법조인이 된다면 하나님께 제 삶을 전부 드리겠습니다. … 그러나 하나님, 그리 아니하실지라도 저는 주님의 여종입니다. 어느 자리에 보내시든 제게 주신 사명을 감당하며 살겠습니다."

물론 결과는 합격이었다. 아니, 합격 이상이었다. 장학금을 받으며 모교 로스쿨에 다닐 수 있게 되었고, 배울 점이 많은 좋은 동기들과 함께 공부할 수 있도록 허락해 주셨다. 건강도 거짓말처럼 회복되어 정상적으로 생활하는 데 지장이 없었다. 무엇보다 1년이라는 시간 동안 진로에 대한 확신과 법학 공부에 대한 간절함을 품게 되었기에 열의를 가지고 로스쿨 생활을 시작할 수 있었다. 정말 하나님은 놀라우신 분이라는 표현 말고는 설명할 길이 없다.

하나님께서는 내 손에 움켜쥐고 있는 사사로운 것들을 내려놓으라고 명하셨다. 그리고 "내가 거룩하니 너도 거룩하라"고 명하셨다. 거룩하다는 것은 '뜻이 매우 높고 위대하다'는 것이다. 나로 하여금 한반도의 아픈 역사와 현실에 눈뜨게 하신 이후부터 계속해서 높은 뜻을 세워 가게 하셨다. 일신의 유익을 좇는 삶이 아니라,

수천만의 사람들을 이롭게 할 삶을 꿈꾸도록 인도하셨다. 그런데 사실 나는 정말 모자란 사람이라 하루에도 열두 번씩 안락한 삶을 꾸리고 싶은 생각이 든다. 그럴 때마다 하나님과의 약속을 떠올린다. 물질적 풍요나 소소한 행복에 안주하는 것으로는 얻을 수 없는 그분의 지극한 위로가 있다는 걸 나는 잘 안다. 위대함은 오직 하나님께 속한 것이고, 높은 뜻은 그분으로부터만 주어진다는 것도.

통일 한국 디자이너

학부 1학년 때 '국가조직론'을 가르쳐 주신 교수님께서는 입법자를 '제도 디자이너'라고 부르셨다. 정의로운 법 제정을 통해 아름다운 국가를 디자인하는 꿈을 꾸라고 말씀하셨다. 북한 인권 활동을 하면서 입법의 중요성에 대해서 절실하게 느낀 바가 있다. 관련 법안이 통과되지 않으면 일선 시민단체의 활동에 중대한 제약이 가해지기 마련이었던 것이다. 입법권이 권력을 얻는 창구로 기능하지 않고 국민들의 권익을 대변하는 수단으로 행사되려면 국가와 국민을 진정으로 사랑하는 입법자들이 나와야 한다.

자유와 진리, 정의를 바탕으로 통일 한국을 재건하는 일에는 특히 우리 청년들의 역할이 아주 중요하다. 그래서 나는 우리 세대가 분단의 역사나 정치, 한반도를 둘러싼 국제 관계에 대해 무관심에 가까운 반응을 보이기보다는 지속적인 관심을 기울이고 비전을 품기를 바란다.

무엇보다도 나라와 민족을 위해 스스로를 헌신하고, 타인에게 선한 영향력을 끼치는 삶을 살고자 하는 청년들이 많이 생겨나기를 꿈꾸며 기도한다.

통일과 통일 이후의 법제 그리고 그 전후 복구에 필요한 법적 과제들을 미리 준비하고 연구하는 것이 내가 조국 통일에 기여할 수 있는 길이라 생각한다. 통일은 그 사건만으로 종결되는 것이 아니라 수많은 갈등과 소통의 문제들을 남기게 될 것이기 때문이다. 그리고 그 연구 결과를 입법으로 연결시키는 일이 중요하다고 생각한다. 높은 뜻과 큰 꿈에 걸맞은 당위와 역량을 갖춘 사람이 되기 위해 나는 최선을 다할 것이다.

마지막으로 이 책을 읽고 있는 당신은 혼자가 아니라는 사실을 말하고 싶다. 북녘의 주민들과 우리 사회의 혼란이 안타까워 가슴을 치며 눈물 흘리는 이가 곳곳에서 함께 기도하고 있음을 기억하면 좋겠다. 가까운 미래에 우리 함께 만나 행복하고 존엄한 통일 한국을 디자인할 수 있게 되기를 간절히 또 간절히 소망한다.

✻   우리가 선을 행하되 낙심하지 말지니 피곤하지 아니하면
     때가 이르매 거두리라(갈 6:9).

전문 경영인이 되어 한반도 평화에 일조하고 싶은 열정 많은 청년입니다. 고등학생 시절 포장마차를 차려 첫 사장이 된 이후로, 군인 언권 회복을 위한 장병 컨설팅 회사와 이 책에서 소개될 평양카페를 설립하여 운영했어요. 장 지글러의 《왜 세계의 절반은 굶주리는가》를 가장 좋아하는 책으로 꼽을 만큼, 같은 세상에서 다른 삶을 살아가는 소외 계층의 힘겨운 삶에 큰 책임감을 느끼는 청년이지만, 또 한편으로는 학내 뮤지컬 〈맘마미아〉의 주연 배우로 열연하거나, 숭실대학교 가요제 대상, 통일 글짓기 대상을 받는 등 음악과 예술을 사랑하는 감성 충만한 소년이기도 해요. 짧은 인생 사는 동안 하나님을 조금이라도 더 기쁘게 해드리고자 부단히 고민하고 애쓰는, 하나님을 참 많이 사랑하는 청년이기도 하죠. 현재는 숭실대학교 경영학과 졸업 예정자 신분으로 컨설팅 회사에 취직하여 근무 중이랍니다. *^^*

통일,
그 참을 수 없는
짜릿함!

통일 기업을 준비하는 한 청년의 이야기

김.진.평.

평범했던 나날,
공허했던 나날

됐나 봐! 됐어!   "최종 선발팀은….
평양카페입니다."

나를 포함한 네 명의 팀원 모두가 1년 동안 그토록 바라 왔던 상황이 현실로 이루어졌다. 그런데도 우리는 마치 약속이라도 한 듯 일순간 아무 말도 할 수 없었다.

"우리 정말 된 거야?"

떨리는 목소리로 조심스레 서로에게 물었다.

"됐나 봐! 됐어!"

심장이 터질 것만 같았다. 믿기지 않는 이 상황에 나와 우리 팀원은 같은 말만 반복할 뿐이었다.

"됐나 봐! 정말 됐어!"

2012년 5월. 3개월 동안 쏟았던 우리의 노고는 3천만 원이라는 상금으로 보상받았다. 캠퍼스 안에서 문화 카페를 통해 대학생들에게 북한과 통일에 대한 정보를 공유하고 관심을 불러일으키는 것을 목표로 창업을 준비해 온 우리 '평양카페'의 첫 성과였다!

붕어빵이 보여 준 세상

2008년 1월, 어느 추운 겨울을 떠올려 본다. 사업을 하시던 아버지의 영향 때문인지 초등학생 때부터 나의 장래 희망은 줄곧 '사장님'이었다. 그 소망은 고3이 될 때까지 변함없이 이어졌다. 그리고 수능 2주 뒤, 그토록 염원하던 사장이 되었다.

"할아버지~ 오늘은 좀 늦으셨네요! 붕어빵 네 개에 호떡 두 장 맞으시죠?"

"응, 그렇게 주어~ 오뎅 국물 좀 마실게잉?"

입김이 훅훅 번지는 겨울. 사람 만나는 재미에 푹 빠져 하루하루를 살았다. 매일매일 어묵 팔천 원씩 사가던 예쁜 간호사 누나들과 호떡 오천 원씩 꼬박꼬박 사가던 통통한 아주머니, 만 원짜리 내시고 거스름돈은 절대 받지 않으시던 천사 같은 할머니, 나에게 간장 세례를 받은 뽀송뽀송 흰 털 잠바 차림의 여성 손님까지… 수많은 사람들과 가지각색의 사연을 만들어 갔다. 그 다양한 만남 중에서 내 안에 특별한 기억으로 남은 어느 할아버지와의 사연을 소개하려고 한다.

당시 무릎 수술을 받은 뒤 재활 중이셨던 그 할아버지는 일주일에 두 번씩 꼭 나의 포장마차를 찾아오셨다. 한 손에는 어묵 국물을 들고 붕어빵을 오물오물 드시며 나에게 이런저런 이야기를 해주시던 그 할아버지는 예전에 부동산 사업으로 돈을 많이 벌었고, 지금까지도 그때 모은 재산을 관리하며 살고 계신다고 했다. 고급 승용차와 건물도 소유하고 있다고 하셨지만 이상하게도 대화의 핵심과 결론은 늘 '인생무상'이었다.

"돈? 그거 다 필요 없어. 건강이 최고여~ 월마다 임대료가 얼마씩 들어오는디, 그거 다 부질없어~"

하시는 이야기마다 한결같이 그랬다. 그분의 말끝에는 늘 '허무', '공허', '부질없음' 등의 말이 따라붙었다. 돈과 편안한 삶이 만족을 주지 않는다는 식의 내용이었다. 물론 나는 조금도 새겨듣지 않았다. 그저 돈 많은 할아버지의 자랑 섞인 이야기라고만 생각했다. 무난한 가정사에 건강도 크게 안 좋은 것은 아니었기에 할아버지의 푸념은 사실 배부른 소리로 들릴 수밖에 없었다. 그러던 어느 날, 평소처럼 붕어빵을 드시던 할아버지가 이상한 말을 하셨다.

"돈이라는 건 말여, 이 붕어빵이랑도 같어. 먹을 때는 좋은디 먹고 나면 먹었나 싶어. 그리고 얼마 지나면 또 먹고 싶고. 돈은 말여, 딱 이 붕어빵 같어. 자네는 꼭 하고 싶은 걸 하고 살어. 돈을 벌던 못 벌던 결국 그게 더 행복혀⋯. 자네 인생, 남을 위해서도 한 번 살아 보고."

분명 한쪽 귀로 빠져나갈 이야기인데, 두 개의 문장이 도무지 빠져나가지 못한 채 머릿속을 맴돌았다.

'하고 싶은 걸 하고 살어? 남을 위해서도 한 번 살어?'

돈을 그토록 많이 버셨는데 하고 싶은 걸 하고 살라는 말이 도무지 이해가 안 됐다. 돈을 벌면 장땡이지 무슨 하고 싶은 일을 하며 살라는 건지 알 수 없었다. 두 번째 문장은 좀 더 어려웠다. 남을 위해 산다는 것. 단 한 번도 생각해 보지 못한 말이었다. 포장마차를 한 것도 나를 위함이었고, 앞으로의 인생 목표와 경로도 모두 '나'에게만 초점을 맞췄기 때문이었다. 그렇게 살다 보면 돈도 많이 벌 것이라 생각했고, 그게 바로 내가 하고 싶은 일이라고 생각했다. 그날 이후로 대학생이 되는 그날까지 '하고 싶은 걸 하며 살고, 남을 위해서도 산다'라는 문장을 두고 참 많은 생각을 했었다. 그리고 그 의문은 대학생이 되고 나서야 조금씩 조금씩 풀려 나갔다.

나만 몰랐던 이야기
통일!

충격적인 사실 　　　　　　　　　2008년 3월, 총장
님의 축사와 함께 정식으로 숭실인이 되었다. 초등학생 시절부터
품어 왔던 사업가의 길을 가고자 닥치는 대로 공모전에 응시하고,
다양한 경험을 쌓고자 동아리도 다섯 개나 들었다. 학점은 3.5 근처
를 배회했지만, 꽤 많은 공모전에서 수상 경력을 쌓을 수 있었다. 특
히 주요 관심사였던 '사업계획서' 관련 대회에서 획득한 금액만 4천
만 원에 이를 정도로 열심히 참여했다.

　2학년이 되면서 본격적으로 창업을 준비하고 싶은 마음에 사회
적 이슈와 경제적 수요의 접촉점을 찾아봤다. 당시 남한에 적응하
지 못해 탈북을 후회하는 북한이탈주민의 상황이 사회적 이슈로
주목받고 있었다. 언젠가 이뤄질 통일에 대한 준비가 미흡하다는 생
각이 들었다. 탈북민을 품어 주려는 노력에 비해 너무나도 빈약한
'자립 시스템'을 사업 기회로 포착했다. 때마침 정부에서 사회적 기
업을 적극 지원하는 좋은 기회도 마련되어 있어 30초 만에 떠오른
'평양카페'라는 이름 하나를 붙들고 속전속결로 아이템을 구체화해
나가기 시작했다.

　먼저 대학생들이 북한과 통일에 대해 어떻게 생각하고 있는지

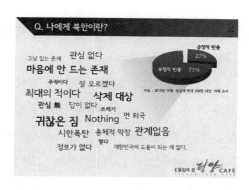

조사하기로 했다. 사전에 준비한 250개의 선물과 설문지를 들고, 학생들이 가장 많이 이동하는 건물의 로비에서 반나절 동안 열다섯 개 정도의 문항으로 설문을 진행했다.

그런데 상당히 당황스러운 결과가 나타났다. 위에 제시한 프레젠테이션 자료에 나타나 있듯 대부분의 학생들이 북한에 대해 막연한 불만과 적대 의식을 지니고 있었다. 북한이 어떤 나라인지, 북한 주민은 어떻게 생활하는지, 남한으로 탈북한 이들은 어떻게 살고 있는지에 대해 아는 것이 거의 없음에도 그들은 북한을 쓰레기이자 총체적 막장 국가로 인식하고 있었다. 그때에야 왜 탈북민들이 적응에 어려움을 겪는지 조금이나마 알 것 같았다. '북한'을 그렇게 인식하는 남한 사람들에게 '탈북민'은 '쓰레기에서 나온 쓰레기'이자 '시한폭탄에서 빠져나온 화약'으로 생각될 수밖에 없었을 것이다. 그렇게 생각해 보니 모든 것이 이해됐다. 남한 사람들에게 탈북민은 친구도 직장 동료도 아닌, 그저 위험한 화약 같은 존재로 느껴졌으리

라. 그랬기 때문에 탈북민은 아무 이유 없이도 조심해야 할 '경계의 대상'이 되어 있었다.

가벼운 마음으로 진행한 설문이었지만, 그 결과가 몹시 당황스러웠다. 목숨 걸고 조국을 떠나온 북한 주민들 입장에서는 얼마나 당황스럽고 서러웠을까. 무슨 잘못이나 실수라도 하고 그런 대우를 받는 것이라면 이해하고 개선하려는 노력이라도 할 텐데…. 북한에서 온 사람이라는 이유만으로 그토록 힘겹게 가슴앓이를 하는 그들에게 미안하고 안타까운 마음이 들 뿐이었다.

설아가 들려준 북한 이야기

설문 조사 결과의 충격이 도무지 머릿속에서 떠나지 않았다. 탈북민을 고용하고 카페 아이템과 프로그램을 기획하는 등 사업을 추진하기 위한 수순을 밟으려 했지만, 힘겨워하는 탈북민들이 자꾸 눈앞에 아른거렸다. 일단 북한에 대해 더 공부해 보고 탈북민들을 많이 만나 봐야겠다는 생각이 들었다. 인터넷에 곧장 검색해 보니 남북하나재단(북한이탈주민지원재단)에서 탈북한 아이들 중, 대학 입학생을 대상으로 열리는 오리엔테이션이 있었다. 다행스럽게도 남한 멘토를 모집하고 있어서 평양카페를 함께 준비하던 동료와 함께 지원했다.

처음 오리엔테이션 장소에 갔을 때는 너무 당황스럽고 이질감이 심했다. 처음 만나 보는 북한 아이들이 이곳저곳에 있는 데다 극장

음향 시설처럼 서라운드로 들려오는 북한 말도 정말 생소하고 어색해 무척 긴장됐다.

가장 먼저 멘토 소개가 있었다. 애써 태연한 척하며 자기소개를 마치고 떨리는 마음으로 1박 2일 동안 함께할 여섯 명의 아이들과 함께 지정된 테이블에 앉았다. 그런데 웬걸! 아이들은 매우 활기차고, 웃음도 수줍음도 많은 순박한 시골 아이들 같았다. 온갖 사투리와 방언이 오갔지만 대화에는 어려움이 없었다. 안도의 한숨을 내쉬고는 레크레이션 강사의 진행에 따라 열심히 뛰어다니면서 게임도 하고, 서로의 얼굴도 그려 주며 즐거운 시간을 보냈다. 여섯 명의 아이들 모두 하나같이 이름도 특이하고 성격도 털털해서 친해지는 데 그리 많은 시간이 필요하진 않았다.

저녁 식사를 마친 뒤에는 조금 정적인 프로그램이 진행됐다. 세미나실의 모든 불을 끄고 조별로 테이블에 둘러앉아 미리 올려 둔 초에 불을 붙였다. 우리는 아늑한 불빛에 의지해 서로 나직한 목소리로 지금까지 살아오면서 힘들었던 일, 행복했던 일을 나눴다.

멘토인 내가 먼저 이야기를 꺼냈다. 가장 힘들었던 일은 중학교 2학년 때, 어머니가 급성 뇌출혈로 쓰러지셔서 아홉 시간의 수술 끝에 사흘간 의식을 잃고 누워 계셨던 일을 이야기했다. 행복했던 일로는 약간의 가식을 담아 "지금의 대학생활이 행복하다"고 말했던 것 같다. 아롱거리는 불빛 덕분이었는지 분위기가 참 따뜻하고 정겨웠다.

내 순서가 끝나고, 내 옆에 앉아 있던 설아의 차례가 왔다. 지금도 설아의 그 순박한 모습이 아른거린다. 쑥스러움이 많아 항상 수줍은 미소를 달고 다녔던 순박한 아이였다. 하지만 설아의 이야기를 듣는 동안 내 얼굴 가득 서려 있던 흐뭇한 아빠 미소가 조금씩 사라졌다. 도저히 말로 다 풀기가 어려울 만큼 영화보다 더 영화 같은 이야기가 설아의 입에서 흘러나왔다.

동네 아저씨가 어느 아이를 잡아먹은 이야기, 함께 탈북을 시도한 친구들의 죽음, 한국에 오기까지 겪었던 수많은 서러움과 싸늘한 외면, 천국으로 알고 있던 남한 사회의 차가운 모습까지…. 말 그대로 '할 말이 없어서' 멍하니 앉아 있었다. 아직 스무 살도 되지 않은 이토록 순수한 아이가 어쩌면 이토록 각박한 삶을 살아야만 했을까. 비현실적인 현실을 살아 낸 설아의 순박한 얼굴이 당황스럽고 신기하기도 하고…. 말로는 다 표현할 수 없는 감정이 마구 솟구쳤다. 다시금 순박하게 미소 짓는 그 아이를 위해 내가 할 수 있는 일은 무엇이었을까. 내가 북한의 눈물과 고통에 본격적으로 귀 기울이기 시작한 것은 그때부터였다.

이제는 통일 기업이다!　　　　　　　　두 번이나 큰 충격
을 겪어서였을까. '부자'가 되기 위한 과정 중의 하나로 생각했던 '평양카페'에 임하는 우리 팀의 자세가 점차 달라지기 시작했다. '평양

카페' 사업에 투자된 돈과 함께 그동안 쏟아부은 우리의 시간이 무의미해지지 않을까 하는 두려움보다는, 지금 이 순간 북한 주민이 받고 있을 고통과 처절함에 어떠한 도움도 주지 못한다는 두려움이 커져 갔다. 잘나가는 대학생 벤처 기업이 되어 언론으로부터 스포라이트를 받는 것은 그리 중요하지 않았다. 오히려 북한 주민들의 삶이 조명되기를 원하는 마음이 커져 갔다. 사업의 성패와 비즈니스적인 요소들보다 북한에 대한 본질적인 관심이 점점 커져 갈 무렵, 우리 팀은 두 가지 미션을 설정했다.

먼저 대학생들에게 북한의 실상과 객관적인 정보를 그때그때 정확히 전달해 모든 사안에 대해 '스스로' 판단하는 것을 돕겠다는 것이었다. 당시 북한의 핵 실험과 서해교전, 천안함 사건, 연평도 도발 등으로 인해 북한 정권이든 주민이든 구분 없이 북한 땅 안에 존재하는 모든 것을 증오하는 분위기가 남한 사회에 자리하고 있었다. 하지만 북한 주민 역시 북한 정권의 희생양으로 고통받고 있다는 사실을 분명히 전달해 주고 싶었다. 그와 더불어 북한의 정치·경제를 잘 이해할 수 있도록 도움을 주어 관련 이슈를 바라보는 안목을 넓히고자 했다.

또 하나는 대학생들의 마음에 통일에 대한 '주인 의식'을 심어 주겠다는 것이었다. 북한에 대한 관심과 통일 준비의 필요성을 절감하는 어른들은 많이 있었고, 몇몇 어른들 중에는 실제로 조금씩 준비해 나가는 분들도 있었다. 다만 대학생들은 예외였다. 당장 취업하기에도 벅찬 경쟁 속에서 통일을 외쳤다가는 금세 낙오할 것이 당연하기 때문이다. 북한의 힘겨운 실상을 잘 알지만 내 인생 개척하기도 버거워 알고도 모른 척할 수밖에 없는 것이 오늘날 대학생들의 처지다. 하지만 *우리가 분명히 알아야 할 것이 있다. 통일은 반드시 올 것이란 사실. 건강한 통일을 이루기 위해서는 청년 시절부터 통일을 고민하고 준비해 온 사람들이 절대적으로 필요하다는 사실이다.* 단순히 업무 능력만으로 통일을 실행한다는 것은 모순 중의 모순임이 분명하다. 그렇기에 대학생 시절부터 통일을 공부하고 준비하는 것은 대한민국 국민으로서의 책임이자 의무일 것이다. 우리는 어떤 수단과 방법을 동원해서라도 그 책임과 의무를 청년들에게 전파하겠노라 다짐했다.

미션 설정 뒤 각 주제에 대한 대안을 생각해 봤다. 북한에 대한 정확한 정보와 사회 이슈에 대한 객관적인 분석 내용을 전달하기 위해 카페 게시판과 전단지를 활용하는 일차원적인 방법들도 있지만, 우리는 통일과 북한에 대한 인식의 문턱을 낮추는 것을 최우선 목표로 삼았다. 그래서 제안한 것이 '통일 패키지'였다. 커피와 빵을 묶어 '통일 세트'를 만들고, 여러 음료와 쿠키를 묶어 '평양 세트'를 만들었다. 그렇게 다양한 세트를 만들어 일상에서 통일을 말하고 평양을 외쳐 보기로 했다. 굳어 있는 마음을 조금씩 두드려 보고자 시도한 것이다. 또한 대학생 잡지를 발행하고 있는 친구를 섭외해 〈평양카페〉 잡지 발행을 준비했다.

이어서 준비한 것은 카페 외부에서 진행할 행사들이었다. 소비

자의 입장에 서서 통일에 대한 문턱을 낮춤과 동시에, 북한 주민을 사랑하고 통일을 준비하는 일의 보람과 즐거움을 알리는 일이 필요했다. 캠퍼스에서 커피를 판매하며 모금 활동을 진행한다거나, 토크와 콘서트를 통한 대중과의 친밀하고 따뜻한 만남을 구상했다.

특히 방학 기간에는 남한 청년과 탈북 청년들이 어우러져 전국 각지를 돌아다니며 나눔을 실천하는 봉사 대장정에 대한 기획도 치밀하게 준비했다. 북한에서 온 주민들을 수혜 대상으로만 바라보는 인식 전환을 위해 탈북민과 남한 주민들이 힘을 합해 어려운 환경에 처한 분들을 돕는 것이 그 취지이자 목적이었다. 이 프로젝트는 '북한이탈주민지원재단'에서 주최한 프레젠테이션 공모전에서 '남북 청년 봉사 대행진'이란 주제로 본선 입상하기도 했다.

구체적인 실행 계획을 세우고 준비하는 과정은 매 순간 고민과 갈등, 웃음과 희열의 연속이었다. 때로는 치열하게 다투기도 하고, 이내 마음을 풀고 다시금 통일의 희망을 이야기하며 꿈에 부풀기도 했다. 어쨌건 그 당시 치열하게 다투고, 삐지고, 다시 화해하고 기뻐했던 이 모든 일을 지금 다시 돌아보면 참 많이 행복하다. 각자 인생이 잘 풀리고 자기 이름이 높아지는 일보다, 나 아닌 다른 소중한 누군가의 행복을 위해 나설 수 있다는 것. 거액의 투자를 받고 유수한 언론에 소개되는 것보다, 우리가 북한 동포를 위해 무언가를 끊임없이 해나갈 수 있다는 사실이 더욱 자랑스러웠다. 나 아닌 다른 사람을 위해 살 수 있어 참 많이 행복한 시간이었다.

통일을 준비하는 기업
'평양카페'

눈물과 미소들   우리 팀 네 명의
구성원은 매일 놀고 일하고 먹고 기도하기를 반복했다. 우리 모두
창업 경험이 없었고, 탁월한 사람들이라고 말하기에는 다소 부족한
감이 있었다. 내세울 것이라고는 그저 '열정' 하나뿐이었다. 그렇기
에 수시로 어려운 문제에 봉착했고, 그 가운데 여러 형태의 갈등과
어려움들을 맞닥뜨렸다. 포기하고 싶을 만큼 힘겨웠던 적도 많았지
만, 우리가 결국 웃으며 버틸 수 있었던 것은 기도 덕분이었다. 함께
모이면 일을 시작하기에 앞서 늘 기도했고, 헤어지기 전에도 늘 기
도로 마무리했다. 힘들 때에는 잠시 일을 멈추고 함께 기타 치며 찬
양하고 다시 기도했다. 서로에게 미안한 마음과 서운했던 마음들,
어느덧 순수한 사명감은 잊고 '일'로써 평양카페를 준비하던 우리
의 모습을 고백하며 서로를 격려하고 위로했다.

평양카페를 준비하던 그 시절을 새삼 추억해 보니, 가장 행복했
던 시간은 우리가 함께 예배드리던 때가 아닌가 하는 생각이 든다.
특히 교내 어느 대기실에서 찬양하고 기도하던 중에 펑펑 울며 서
로를 향한 고마움과 미안한 감정을 나누었던 그 어느 날은 평생 잊
지 못할 추억으로 남았다.

꿈처럼 짜릿했던 나날

욕심을 버려야 비로소 목표에 가까워질 수 있다고 했던가. 모든 욕심을 버리고 평양카페에 우리의 순수한 신념과 사랑을 담자 놀라운 일들이 벌어지기 시작했다.

우리에게는 한 가지 결정적인 결핍이 있었다. 바로 재정적인 부분이었다. 초기 창업 자금 3천만 원을 확보한 상태였지만, 필요로 하는 총 자금에는 못 미치는 수준이었다. 관계자와의 미팅을 이어 감과 동시에 하나님께 정말 간절히 기도했다. 그러던 어느 날, 친밀하게 지내던 분으로부터 뜻밖의 연락이 왔다. 그분이 가까이 지내는 어느 기업 회장님을 만나러 가는데 같이 가겠냐는 제안이었다. 고민할 것 없이 함께 가기로 약속하고 회장님을 찾아뵈러 갔다. 화려한 빌딩, 세련된 내부 인테리어에 살짝 기가 눌릴 뻔했지만 정신을 바짝 차리고 평양카페에 대한 순수한 동기와 마음만을 계속 떠올렸다.

이어지는 이야기는 당신이 예상하는 그 그림이 맞다. 회장님은 재정적 여유가 있으신 데다 북한에 큰 관심을 갖고 있는 독실한 크리스천 사업가셨다. 입가에 절로 미소가 지어졌다. 나는 조금도 긴장하지 않고 사업을 소개해 나갔다. 이야기를 경청하시던 회장님은 자연스레 평양카페의 멘토가 되어 주겠다 하시며 지원을 약속하셨다. 미팅 자리에서 우리 팀원 모두에게 수강료가 300만 원인 장기 교육프로그램에 즉시 등록시켜 주려고 했을 정도이니, 그저 이 모든 상황이 놀라울 뿐이었다.

돌아가는 우리의 발걸음은 무척이나 가벼웠다. 버스 안에서 각자 싱글벙글 웃으며 감사 기도를 드렸다. 순수한 열정과 패기는 모든 일을 가능케 함을 느꼈다. 마냥 신기하고 놀라웠다. 사무실에 도착하자마자 흥분된 마음을 가라앉히고 차근차근 우리가 해야 할 것들을 다시금 정리해 보았다. 이제 재정적인 부분은 물론이고, 그외 준비해야 할 것들 역시 크게 문제될 게 없었다. 다만 평양카페의 영향력이 너무나 미미하다는 점이 아쉬웠다. 그래서 우리는 마지막으로 캠퍼스 안에 있는 학생들, 교수님들, 교직원들, 용역업체 직원들을 비롯한 모든 사람들에게 평양카페의 비전을 전달하고 공감을 얻기 위해 프로모션 퍼레이드를 시작했다.

다양한 행사들을 진행했다. 커피와 함께 전단지를 나누는 행사

도 진행하고, 음악을 곁들여 우리의 비전을 공유하는 콘서트를 열었다. 유명 인사를 초청해 북한과 통일에 관해 메시지를 전하기도 하고, 스승의 날 감사 편지 이벤트처럼 간접적으로 마음을 나누는 이벤트를 진행하기도 했다. 큰 액수는 아니지만 조금이나마 기부에 참여함으로써 교내 많은 분들의 지지와 성원을 경험할 수 있었다.

다양한 행사를 진행하면서 느꼈던 한 가지 마음을 나누고 싶다. 대부분의 대학생들 마음 안에는 기부와 나눔에 대한 간절함이 있고, 그들이 북한과 통일에 대해 큰 관심을 보이고 있다는 사실이다. 바쁜 일상 속에서 치열하게 경쟁하며 살아가느라 일부러 시간 내어 공부해 가며 깊이 알아보거나 직접 참여하지 못하는 경우는 많았어도 무관심하거나 냉담하지는 않았다.

행사를 진행하면서 많은 사람들의 도움의 손길이 필요했다. 우

깨우다

리 팀원들의 힘만으로는 감당할 수 없는 수준이었기에 주변 선후배와 친구들 그리고 그들의 친구들에게까지 도움을 요청했는데, 많은 이들이 기꺼이 그들의 시간을 내고 기부에 참여했다. 얼핏 마음이 굳어 있는 듯 냉랭해 보이지만, 조금만 관심을 유도하고 제안하면 대부분 선한 일에 동참하고자 하는 의지가 있다는 사실을 알았다.

'평양카페'가 남긴 마지막 이야기　　　　　　평양카페는 스승의 날 커피 나눔 행사를 끝으로 저마다의 개인 사정에 의해 마무리되었다. 물론 운영을 지속해 선한 영향을 끼칠 수 있다면 좋았을 테지만 그 나름으로도 의미 있는 일이었다고 생각한다. 감사하게도 지나간 우리의 추억들이 오늘을 만들어 가고 있음을 느낀다.

마지막으로 평양카페가 남긴 두 가지 큰 선물을 소개하고 싶다.

첫 번째 선물은 '남을 위해 살아가는 삶의 풍성함'이다. 2014년 한국 자본주의 사회에서 살아가는 우리 청년들에게 가장 결핍된 부분이 무엇일까 묻는다면, 나는 '서로를 향한 관심'이라고 답할 것이다. 우리는 서로에게 지나칠 정도로 냉랭하며 관심이 없다. 왜? 나혼자 살아남기도, 살아 내기도 벅차기 때문이다. 잠깐 한눈팔면 옆사람이 나를 밟고 올라갈 듯하다. 뒷사람 당겨 주다가 내가 떨어질 것만 같다. 그러다 보니 정말 친한 친구라고 생각해도 서로 간에 깊은 정을 느끼지 못하는 것이다. 하지만 평양카페는 그 '관심'의 불씨가 살아 있다는 것을 우리에게 다시금 보여 줬다. 생면부지의 아이들을 위해 자기 시간과 용돈을 내어 놓고 험한 잡일도 마다하지 않는 그들의 모습. 다양한 프로모션을 돕고 참여하며 서로 간에 풍성해지는 교제와 만남들 속에서 이해타산 따지는 일 없이 기꺼이 마음을 주고받는 따뜻한 관심이 있었다.

두 번째 선물은 '통일 마인드'이지 않을까 싶다. 평양카페를 통해 다양한 활동을 진행하면서 자연스레 북한과 통일에 대해 공부하고, 서로의 생각과 의견을 나누는 과정에서 통일에 대한 소망을 품을 수 있었다. 또한 평양 숭실을 소망해 온 우리 선배들의 순결한 마음과 '숭실폐교정신'을 더욱 깊이 느꼈다. 적어도 숭실인이라면 기독교 정신에 입각한 확고하고 올바른 통일 정신이 있는 사람이어야 하며, 그것이 가능한 곳 또한 숭실대학교임을 알게 됐다.

다행히도 현재 숭실대학교는 통일 교육에 대한 뜨거운 열정으로 준비를 탄탄히 해나가고 있다. 통일 관련 수업을 필수 과목으로 편성하기도 했고, '평화통일연구소'를 개원하기도 했다. 평양 숭실을 소망하는 학생들과 교수님들, 교직원들 간의 정겨운 관계와 관심이 지속적으로 쌓여 가다 보면 머잖은 때에 우리가 함께 통일을 노래하는 축제의 날이 올 것이다. 통일을 준비하는 그 길에 우리 모두 함께하길 소망한다.

연습하다

하나 됨을 위한 통일 연습 · 곽우정
우리 함께 통일 마중 나가자 · 가찬미

다녀온 나라만 벌써 스무 곳이 넘을
만큼 여행을 좋아합니다. 어떤 여행이
든 배움이 있기에 떠나는 발걸음은 늘
가볍죠. 저는 장로회신학대학교에서
기독교 교육을 공부했고, 동 대학 신학
대학원에서 신학을 공부했습니다. 대
학 시절 NGO 단체 '자유북한청년포
럼'의 창립 멤버로 활동했고, 2년간 대
표를 지내기도 했습니다. 북한에 자유
가 오기를 바라며 다양한 행사를 주관
했고, 지금까지 기도 모임으로 단체의
명맥을 이어 가고 있어요. 작사와 작
곡을 좋아해 꾸준히 곡을 만들고 있지
요. 정규 CCM 앨범에 제 곡이 수록되
기도 했고, 자작곡으로 북한 인권 콘서
트를 진행하기도 했답니다. 통일이 되
면 'Heavenly Esther'(말씀·교육·치료
연합 사역을 위해 만든 단체)와 함께 북한
에 올라가 민족의 하나 됨과 주민들의
인권 향상을 위해 살고자 하는 소망이
있습니다. 통일을 위해 준비하는 사람,
통일을 위해 다음 세대를 세우는 사람
이 되고 싶습니다. *^^*

하나 됨을 위한 통일 연습

통일 세대를 세워 가는 작은 발걸음

곽 우 정

내 인생을 바꾼
'만남'

　　2008년, 유난히도 따스했던 봄 햇살 아래, 나와 그는 나란히 앉았다. 날씨는 따스했지만 그의 고향 이야기는 너무도 차가웠다. 먹을 게 없어 여름 내내 사람의 뼈를 물고 다녔다던 개들 이야기. 맞아 죽고 얼어 죽고 굶어 죽는 것이 일상이었던 그네들의 삶 속에서 모진 고통을 이겨 내며 하루를 또 한 번 살아 내야 했던 그들 이야기.

　　그 이야기를 듣던 날의 충격과 아픔이 지워지지 않았다. 그러다 어느덧 2015년 햇살 좋은 봄, 3월이 되었다. 그가 들려준 이야기가 가슴에 맺혀 밤새도록 울던 지난날. 북한 외에는 아무것도 보이지 않고 들리지 않아 인생 8할을 북한에 쏟으며 지냈던 날들. 그 시간들이 문득 그리워서 그와 함께 머물렀던 벤치에 와 앉았다. 멈추어 버린 줄만 알았던 이곳에도 봄이 왔다. 바람이 분다. 꽃이 핀다.

'저 꽃들처럼 그들의 삶도 향기로운 꽃으로 피어나기를…'

'부르심' 　　　　　　　　　　　　　　내 나이 스물넷.
여느 대학생들과 같이 평범한 캠퍼스 생활을 하던 2009년 여름, 한 통의 전화가 걸려 왔다. 같은 학교에서 공부하는 탈북민 언니의 전화였다. 언니는 내게 '탈북민 신앙 수련회'의 스태프로 참가하며 일을 도와줄 수 있겠냐고 물어왔다.

　무슨 이유에서인지 모르게 그곳에 가고 싶었다. 수련회에 가보니 내가 생각했던 것보다 더 많은 탈북민들이 참석해 있었다. 이제 막 하나원(북한이탈주민들의 사회 정착 지원을 위해 설치한 통일부 소속 기관)을 퇴소한 가족부터, 남한에 온 지 이십여 년이 넘은 어르신들까지…. 남녀노소를 막론하고 전국 8도에서 탈북민 300여 명이 모여 왔다. 닷새간 함께 웃고 울며 지내는 동안 그들의 이야기가 나의 이야기로 다가왔다. 거짓말로 여겨질 만큼 충격적인 내 조국의 반쪽 이야기를 듣는 동안 그들의 아픔이 내 아픔으로 느껴져 한참 눈물을 쏟았다.

　문득 그날이 그리워져 서랍 깊숙이 넣어 둔 일기장을 꺼내어 슬며시 들추어 보았다.

2009년 7월 8일 수요일

… 전쟁이 벌어지는 현장에 온 것 같다. 한 아저씨가 술을 마시고 젓가락으로 자신의 살을 찔렀다. 아저씨의 몸에서 피가 분수처럼 쏟아졌다. 내 티셔츠로 아저씨의 피를 닦아 주며 나도 울고 아저씨도 울었다. 왜 이러셨냐고 물었더니 북한에 두고 온 자녀 생각이 나서 그랬다는 것이다. 아저씨는 그렇게 한참을 우신다.

그날의 장면이 아직도 생생하다. 아스팔트 위로 뚝뚝 떨어지는 피를 보니 두려웠다. 하지만 그보다 더 현기증 나는 일은 이런 아픈 역사를 살고 있는 우리네 현실이었다. 북한 주민은 기근과 핍박으로 힘겨워하고, 남한 주민은 북한의 아픔을 알면서도 이런저런 눈치를 보며 시종일관 침묵으로 방관하는 현실 말이다. 땅바닥에 주저앉아 흐느끼는 아저씨의 애통한 모습을 보니 내 마음도 함께 무너졌다. 울음소리에 묻혀 또렷하게 알아듣기도 어려웠던 아저씨의 이야기가 어찌 그리 서럽게 들리던지…. 그만 나도 따라 울어 버렸다.

분주한 일주일을 보내고 일상으로 돌아오자 내 삶에도 모처럼의 여유가 찾아왔다. 하루는 주님께 나아가 기도를 드리는데 내 마음속에서 묵직하고 강한 음성이 들려왔다.

'애야, 나와 함께 북한을 위해 울지 않겠니?'

그때 나는 이 말씀이 '애야, 북한을 위해 죽을 수 있겠니?'라는 물음으로 들려왔다. 당황한 나는 하나님께 원망하듯 따졌다.

"하나님! 저한테 왜 그러세요! 저더러 북한을 위해 죽으라고요? 절대 그럴 수 없어요!"

나는 어려서부터 행복한 미래를 그리며 살아왔다. 좋은 환경에서 자녀들을 양육하며 남부럽지 않게 살고 싶었다. 그런 내게 북한을 향한 부르심은 충격이었다. 내가 누리는 행복한 삶뿐만 아니라 미래에 누리게 될 모든 행복까지도 반납해야 할 것 같았다. 심지어 목숨까지도 내놓아야 할 것 같았다. 실수로라도 서원하게 될까 봐 두 손으로 입을 꼭 막았다. 이건 합리적으로 말이 안 되는 이야기라며, 북한을 위해 살면 안 되는 이유를 하나둘 열거하기 시작했다. 그런데 그런 생각을 하는 동시에 나의 심령 깊숙한 곳에서는 내 영혼이 하나님께 대답을 드리고 있었다.

"하나님…. 저는 겁이 많습니다. 만약 공산군이 저에게 '십자가'를 밟고 지나가라 하면 저는 두려움을 못 이겨 십자가를 밟고 지나갈 못난 사람입니다. 하나님, 세상에는 저보다 더 용감하고 믿음직한 사람이 많은데…. 그들을 사용하시는 게 더 좋을 것 같습니다."

그러고는 잠시 후 다시 이 고백을 올렸다.

"그런데 하나님…. 만약 세계를 다 둘러보셨는데 또다시 찾게 된 사람이 저라면…. 그때는 제가 저의 인생을 주님께 드리겠습니다."

이 고백은 내 인생에 있어서의 첫 번째 서원이 되었다.

내가 너를 택하여 세웠나니　　　　　　　　조국과 북한을 위해 살겠노라 마음은 정했지만, 당장에 내가 할 수 있는 일은 기도 외에 아무것도 없었다. 그래서 기도의 범위를 북한까지 확장시킨 것 외에는 내 인생에 큰 변화가 일어나지 않았다.

북한을 위해 기도를 하며 지내던 중 한 통의 전화를 받았다. 내용인즉 성도들이 북한을 위해 기도할 수 있도록 북한 정보가 실린 월간지를 만들어 달라는 것이었다. 글에는 문외한인 내게 어울리지 않는 일이라고 생각되어 거절했다. 하지만 잘할 수 있을 것이라는 격려 덕분에 결국은 요청에 응하여 월간지 편집 일을 맡게 되었다. 편집 일을 시작하긴 했지만 아직은 익숙지 않고 확신이 들지 않았다. 한창 헤매고 있을 때 성경 말씀 한 구절을 접하게 되었다.

×   너희가 나를 택한 것이 아니요. 내가 너희를 택하여
      세웠나니 이는 너희로 가서 열매를 맺게 하고, 또 너희
      열매가 항상 있게 하여 내 이름으로 아버지께 무엇을
      구하든지 다 받게 하려 함이라(요 15:16).

이 말씀을 통해서 내가 하게 되는 일이 사람의 선택으로만 결정되는 것이 아님을 깨닫고, 나를 이끄시는 분이 하나님이심을 입술로 고백하게 되었다. 이 말씀을 묵상하면서 일에 대한 부담을 많이 덜 수 있었다. 나는 월간지 일을 통해 2년간 수많은 경험을 쌓을 수 있었다. 북한의 전문가들을 인터뷰하며 그들이 경험한 다양한 세계에 대해 알아 가게 되었고, 북한을 주제로 하는 포럼에 참석하여 지식을 쌓을 수 있었다. 주님을 위해 살겠다는 다짐이 이끌고 간 곳은

내가 계획한 것과는 전혀 다른 길이었다. 하고 싶다고 할 수 있는 일도 아니었고, 되고 싶다고 될 수 있는 일도 아니었다. 한 걸음씩 순종하며 따라가 보니 내게 주신 은혜가 크고 놀라웠다. 지극히 평범한 나를 특별하게 빚어 가시는 하나님의 역사였다.

순교 예행연습

한 알의 밀이 땅에 떨어져 죽지 아니하면 한 알 그대로 있고 죽으면 많은 열매를 맺느니라(요 12:24).

2009년에 서원 기도를 드린 후 나는 북한과 관련된 꿈을 종종 꾸었다. 북한과 관련된 꿈을 꾸는 밤이면 예외 없이 밤잠을 설치곤 했는데, '설친다'고 표현한 까닭은 대부분이 순교에 관한 꿈이었기 때문이다. 가끔씩은 혼자만 살아남겠다고 도망을 치다 깨기도 했고, 가끔은 순교를 결심한 채로 죽음을 앞둔 상황에서 깨어나기도 했다. '순교'를 결단하는 일은 꿈에서조차 쉬운 일이 아니었다. 비록 꿈이지만 죽음에 대한 공포는 현실처럼 느껴졌기 때문이다.

하루는 꿈에서 북한의 한 초등학교에 초청을 받아 말씀을 전하러 갔는데 김일성과 김정일이 날 응시하며 "말씀을 잘못 전하면 바로 총살을 하겠다"고 협박을 했다. 그런데 참 놀라운 일은 꿈에서 순교를 결심하고 죽기로 마음먹으면 반드시 살게 되었다는 것이다.

꿈속에서도 느꼈다. 눈에 보이지는 않지만 나를 살려 주시는 분이 계시다는 것을…. 그 존재가 하나님이라는 것을 말이다.

"하나님…. 하나님께서 저를 살리셨군요! 살고자 하면 죽고, 죽고자 하면 살게 되는군요. 저의 목숨이 주님께 달려 있습니다."

북한에 관한 꿈을 꾸는 것은 내게 매우 부담스러운 일이지만, 그럼에도 북한에 관한 꿈을 꾸는 것은 큰 의미가 있었다. 꿈을 꾸고 난 후면 북한을 향한 뜨거운 마음이 불꽃처럼 일어 더 절실히 기도하게 되었기 때문이다.

꿈에서처럼 하나님을 위해 내 생명을 바칠 수 있을지는 모르겠지만, 마음만큼은 언제라도 하나님을 위해 나를 버릴 수 있는 준비된 사람이 되고 싶다.

'자유북한청년포럼' 창립   2010년이 저물어 갈 즈음 '에스더기도운동본부' 이용희 교수님의 지도를 받으며 청년 단체를 만들게 되었다. 설립 목적은 북한에 자유가 올 수 있도록 말과 글과 행동으로 청년들을 깨우고 알리기 위함이었다.

2010년 12월 10일. 다섯 시간 후면 자유북한청년포럼이 세상에 공표될 터였다. 잠에서 깨어나기 직전 꿈을 하나 꾸었다. '고' 음을 가진 한자가 꿈속에서 또렷이 떠올랐다. 잠에서 깬 뒤 한자 사전을 찾아보니 다양한 의미의 한자들이 있었다. 나는 잠에서 깨자마자 꿈에서 얻은 생각들을 차분히 적어 내려갔다.

Go Go Go Project = 固, 古, 考, 顧, 告, 高

古 옛 고	옛날의, 오래되다
固 굳을 고	굳다, 단단하다
考 상고할 고	곰곰이 생각하다, 밝히다, 살펴보다
顧 돌아볼 고	돌아보다, 마음에 새기다, 관찰하다
告 알릴 고	알리다, 가르치다, 깨우쳐 주다
高 높을 고	높다, 높아지다

오랜 세월 동안 북한에 대해 굳어지고 왜곡된 정보들을 곰곰이 생각하고, 밝혀 내고, 돌아보고, 관찰하라. 그리고 그것을 바르게 알리고, 깨우치고, 가르치라. 그리하면 대한민국의 위상이 높아질 것이다.

내 마음에 자유북한청년포럼에 대한 기대감이 생겼다. 사역하는 동안에는 잘 몰랐지만, 사역과 활동을 마친 후 되돌아보니 자유북한청년포럼이 걸어온 길이 위의 내용과 같았다.

창단식 이후 두 달 만에 정기 모임을 가졌고 팀원들도 모집되었다. 신학, 교육학, 법학, 영문학, 정치, 상담, 건축, 음악, 무용 등 다양한 분야의 전공자들이 모였으며 교사, 간호사, 컨설턴트, 강사 등 직장인들도 함께 자유북한청년포럼의 일원이 되어 모임에 참여했다.

많은 청년들이 자유북한청년포럼의 모임을 거쳐 꿈을 찾고 비전을 찾고 자신의 길을 찾아 떠났다. 전공 분야는 모두 달랐지만 우리 마음속에는 '북한'이라는 공통분모가 있었다. 우리는 꿈을 다짐할 때마다 "북한에서 다시 만나자"는 말을 수시로 반복하며 각자의 분야에서 전문가가 되어 북한에서 동역하자는 약속을 했다.

자유북한청년포럼 활동　　　　　　　자유북한청년포럼
은 창립 이후 다양한 활동을 해나갔다. 하지만 많은 활동에 앞서
우리가 가장 중요하게 생각한 것은 '예배'였다. 작은 교회를 빌려 일
주일에 한 번 북한을 위해 기도하는 시간을 가졌다. 우리는 2년 동
안 매주 함께 예배하며 북한을 위해 기도로 하나 되었다.

　청년들은 북한을 알아 가기 위해 책을 읽고 토론을 했으며, 탈
북민과 북한 전문가를 초청하여 강연을 들었다. 청년들은 단순히
듣는 것으로만 멈추지 않고 '모의국회'를 열어 자신의 입장을 발표
하며 서로의 입장 차이를 좁히기 위해 노력을 기울였다. 이러한 과
정을 통해 북한을 깊고 넓게 이해할 수 있었다. 공부가 끝나면 사람
들을 초청해 강연회를 열어 알리는 시간을 가졌다.

　청년들은 공부한 내용을 기반으로 국회에 찾아가 여야 국회의
원들에게 우리 뜻을 전하기도 하고, 북한 상황을 국민들에게 알리
고자 광화문으로 나가 북한의 실정을 알리고 서명을 받아 유엔에
서명지를 보내기도 했다. 음악, 퍼포먼스, 드라마 등의 문화 공연을
열어 북한의 참혹한 현실을 시민들에게 알리는 일도 잊지 않았다.

　기억에 남는 프로젝트 중 하나는 '정치범 수용소 해체를 위한

서명'을 받기 위해 거리에 나선 일이다. 북한 인권단체들이 연합하여 3개월간 광화문에서 진행한 행사였다. 우리는 시민들에게 정치범 수용소 상황을 알리고, '통영의 딸'로 잘 알려진 신숙자 씨와, 오혜원, 오규원 모녀 구출을 위한 서명 운동을 진행하는 데 열심을 냈다. 감사하게도 많은 시민들이 서명 운동에 동참하며 격려를 보내주었다.

청년들은 '통영의 딸'을 생각하며 만든 노래로 북한에 대한 관심과 도움을 호소했다. 명동, 서울역, 홍대 등의 시내에서 게릴라 콘서트를 하거나 콘서트를 열어 북한의 실상을 알렸다. 한편 청년들은 직접 극을 만들어 무대에 올리기도 했다. 억압과 폭력 속에서 불행하게 살고 있는 한 북한 여성의 이야기를 주제로 대본을 써서 짧은 극을 연출하고 공연을 올렸는데, 당시 연극을 보던 수백 명의 관중

연습하다

이 깊은 감동을 받아 눈시울을 붉혔다.

　우리는 이러한 다양한 활동과 만남을 통해 북한에 대한 왜곡된 정보를 바로잡는 일에 힘썼다. 이 모든 수고는 북한에 대해 바른 인식을 심어 주기 위함이었다.

거짓말 같은 이야기, But It's Real Story　　　자유북한청년포럼을 창립한 지 얼마 지나지 않아 탈북민 신동혁 씨를 만났다. 인터넷(SNS)에서 처음 만나 채팅창 하나를 사이에 두고 이야기꽃을 피우던 그날 밤, 나는 날이 새는 줄도 모르고 그의 이야기에 흠뻑 빠져들었다.

　"동혁 씨, 정치범 수용소는 얼마나 추워요? 이불은 있어요? 음식은 어때요? 탈북할 땐 어땠나요?"

　참 많은 질문들을 쉴 새 없이 쏟아 냈다. 그러면 그는 차분하고 친절하게 하나하나 답변해 주었다. 가끔은 그도 내게 질문을 했다.

　"우정 씨… 내가 받은 고문 중 가장 힘들었던 게 뭔지 아세요?"

　그와 한참 동안 대화를 나누며 그가 살아온 인생을 여행하게 되었다. 그가 살던 지하 감옥방, 그가 만났던 여러 사람들, 그가 느낀 영하 40도의 강추위와 공포, 탈북 과정 중에 경험한 기적 같은 일들 모두가 내게도 생생하게 느껴졌다.

　그와 함께 얼음장같이 차가운 콘크리트 감옥 바닥에 앉아 벌벌

떨며 정치범이 되기도 했고, 한순간 눈앞에서 어미를 잃은 고아가 되기도 했으며, 차가운 눈밭 사이를 맨발로 헤매며 낯선 땅에서 쫓기는 도망자 신세가 되기도 했다.

내가 감히 하룻밤 안에 그가 겪은 모든 고통의 시간들을 이해하는 것은 말도 안 되는 일이지만, 그의 인생 속에 들어가 보니 조금이나마 그의 고통을 느낄 수 있었다. 추위… 쫓김… 외면… 그리고 혼자라는 두려움이 얼마나 무서운 것인지.

나와는 별개의 일이라고 생각한 그의 삶이 내 인생에 말을 걸어오는 순간…. 나는 변변한 대답도, 그럴싸한 변명조차도 꺼내 놓지 못했다. 이처럼 아무렇지 않게 잘 살아가는 것만으로도 미안하고 창피했기 때문이다.

그때 처음으로 '그를 위한 노래'를 만들게 되었다.

×

> 그대 이제 더 이상 눈물은 흘리지 마요. 그댈 위해 우리가 그대와 함께 있으니. 그대 이제 더 이상 두려워하지는 마요. 그댈 위해 우리가 이 길을 걷고 있으니.
> 당신은 세상의 빛, 어둠을 밝히는 빛. 그대로 인해 어둠은 물러가죠.
> 당신은 세상의 빛, 어둠을 밝히는 빛. 그대로 인해 세상은 빛을 내죠.
>
> _〈그대는 세상의 빛〉 中

노래를 만들어 부르는 일은 내게 다윗의 물맷돌과 같은 무기가 된다. 다윗이 골리앗과 싸우기 위해 든 것은 칼과 창과 검이 아닌 매끄러운 돌멩이 다섯 개였다. 나는 하나님께서 우리 각자에게 주신 무기가 있다고 생각한다. 그게 무엇인지는 자신이 가장 잘 알 것이다. 나는 남한의 청년들이 다양한 재능을 잘 연마하여 북한 주민을 구원하는 도구로 귀하게 쓰임받기를 바란다.

인생의 마지막 강연처럼

"곽우정 자매님. 어린이들에게 북한 강의 좀 해주실 수 있으신가요."

2011년. 강의 부탁을 받고 찾아간 곳에는 세 살 된 어린아이부터 초등학교 저학년에 이르기까지 십여 명의 아이들이 모여 있었다. 다양한 연령의 아이들이 섞여 있어서 어떤 연령대를 대상으로 강의를 해야 할지 난감했다. 숨을 크게 들이마시고 마이크를 들었다. 그 순간부터 두 시간이 훌쩍 흘러갔다. 내가 준비해 간 강의를 넘어 하나님이 부어 주시는 큰 은혜가 강의 가운데 흘렀다. 모든 강의를 마친 후 둘러보니 아이들과 선생님들이 다 함께 눈물을 흘리며 북한을 위해 기도하고 있었다.

그날을 시작으로 내 인생 가운데 북한 강의가 시작되었다. 그때 나는 하나님께 고백했다.

"하나님. 제가 강의를 해야 할 곳이 있다면 연락이 오게 해주세요. 그곳이 어디든 주님의 뜻으로 알고 가겠습니다. 그리고 '이제 그만하라'는 사인을 주시려면 연락이 자연스럽게 끊기게 해주세요. 그러면 거기까지인 줄 알고 멈추겠습니다."

연습하다

그렇게 오늘까지 4년이란 시간 동안 참 다양한 곳에서 강의를 해왔다. 교회, 수련회, 기관, 단체, 중학교, 고등학교, 대학교, 동아리, 중국의 교회와 사립 초등학교에서도 북한 강의 제안이 들어왔다. 강의를 하다 보면 우리나라 국민들의 무관심과 마주하게 된다. 북한에 대한 무관심은 말하지 않아도 매우 심각하다. 미움보다 더 무서운 것이 무관심이라는 말이 있는데, 이와 같은 우리의 무관심이 통일의 걸림돌이 되는 것 같아 안타까웠다.

나는 이러한 무관심을 깨뜨리기 위해 나 스스로 강의의 원칙을 세웠다. 어떤 곳이든 북한 강의를 요청하는 곳이 있다면 특별한 사유가 없는 한 달려간다는 원칙이었다. 강의를 통해 한 사람에게라도 더 북한에 대해 이야기하고 알릴 수만 있다면 어디든 달려가고 싶은 것이 나의 마음이었기 때문이었다. 또 다른 하나는 북한 강의를 한 후에 받게 되는 강의료는 내 것이 아니라는 원칙이었다.

하루는 이런 꿈을 꾸었다. 북한의 한 식구들을 남한으로 인도하기 위해 가정집에 숨어서 루트를 설명해 주고 있는데 "쾅! 쾅!! 쾅!!!" 세차게 문을 두드리는 소리가 들렸다.

그 순간 모두가 겁에 질려 긴장했다. 여학생이 조심스레 현관으로 나가 문을 열었다. 나는 혼자 생각했다. '아…. 이제 다 끝났다.' 이렇게 생각하는 찰나 동복을 입은 꽃제비 아이들 여섯 명이 시커먼 얼굴을 하고는 배시시 웃으며 집 안으로 들어왔다. 아이들은 뭐가 그리 신이 나는지 자기들끼리 웃고 떠들면서 초면인 나를 보고

해맑게 웃으며 말했다.

"누나! 우리도 한국에 데려가 주세요~"

아이들을 보자마자 마음이 녹아내렸다. 흙먼지가 묻은 낡은 옷을 입고 시꺼먼 얼굴을 한 키 작은 아이들이 환히 웃으며 나를 바라보았다. 꿈속에서 만난 아이들이었지만 나는 지금도 그들의 웃음이 잊히지 않는다. 나는 아이들을 모두 데리고 한국으로 향했다. 주린 배를 움켜쥔 채 험난한 탈북 루트를 건넌 우리는 남한의 한 식당에 들어갔다. 배고파하는 아이들을 앉혀 놓고 지갑을 열었는데 고작 현금 2천 원이 전부였다. 눈치 빠른 아이들은 어느새 아쉬움이 가득 찬 눈망울로 나를 바라보았다. 그때 내가 아이들에게 통장 하나를 꺼내 보이며 이야기했다.

"얘들아. 이 돈은 전부 너희를 위해 모아 둔 돈이란다!"

순간 아이들의 얼굴에 행복한 희망이 차오르는 걸 보았다. 나는 그 얼굴들을 보며 잠에서 깨어났다. 그때부터 가슴이 쿵쾅쿵쾅 뛰기 시작했다. 아주 작은 돈이었지만 북한을 위해 꾸준히 모아 온 돈이 있었다. 지금까지 모으기만 하고 한 번도 사용해 보지 않은 돈이었다. 그런데 꿈을 꾸고 난 후 나의 생각이 바뀌었다. 시간이 흘러 통일 후 어느 날 사용할 것이 아니라 지금 당장 필요한 곳, 절실히 필요한 사람에게 이 물질이 흘러가면 좋겠다는 생각이었다.

"하나님…. 제3국에서 방황하며 유리하는 탈북민들을 돕고 싶습니다. 북한의 지하 교회에 이 재정을 전하고 싶습니다. 중국의 탈북 고아들에게 이 돈을 전하고 싶어요."

그렇게 기도한 후, 모아 두었던 돈을 얼마씩 나누어 몇몇 곳에 익명으로 전달했다. 그런데 재정을 다 보낸 후에 또다시 돈을 모으려 하니 너무 더디 모아졌다. 그래서 이때부터 북한 강의를 하고 받는 재정은 더 이상 나의 것이 아님을 선포했다. 껌 하나도 내 마음대로 사먹지 않았다. 그렇게 일 년에 150만 원 정도를 탈북민에게 전하거나 지하 교회를 위해 헌금했다. 큰 돈은 아니지만 송금을 하고 나면 사람 생명을 살리기라도 한 듯 기분이 뿌듯하고 좋았다.

죽음의 기로에 서 있는 사람을 살리는 일은 누구에게라도 흔한 일이 아니다. 평생을 살면서 한 번 있을까 말까 한 일이다. 하지만 우리 국민에게는 이 특별한 일이 마음만 먹으면 가능하다는 사실…. *이것은 축복이 아닐 수 없다. 누구라도 마음만 있으면 사람을 살리는 일에 동참할 수 있기 때문이다.*

내가 이런 귀한 일을 지치지 않고 계속할 수 있었던 것은 소중한 마음을 품은 친구들이 주변에 많이 있었기 때문이다. 강의 일정을 공유하며 기도로 준비했고, 어느 곳에 헌금을 해야 할지도 함께 상의하며 결정했다. 이 일의 기쁨을 함께 누리기 위해 월급의 일부를 떼어 북한 구원을 위해 헌금을 드리기도 했다. 이렇게 마음을 모으고 뜻을 모으고 재정을 모아 함께 움직이니 큰 기적이 일어났다. 그 기적은 북한 지하 교회에 필요한 음식이 되어 전달되기도 했고, 제3국에서 방황하는 탈북 고아들의 따스한 옷이 되기도 했다.

작은 것부터

내가 가진 물맷돌로 시작하기   북한 사역이 어렵
다고 생각하면 한없이 어려운 일이 된다. 어렵다고 생각하면 자연히
내가 해야 할 일이 아니라는 생각으로 이어져 북한에 무관심하게
된다. 내가 서 있는 곳에서 할 수 있는 가장 쉬운 일부터 시작해 보
는 것이 중요하다. 내가 할 수 있는 가장 쉬운 일은 내가 속한 공동
체의 친구들, 선후배들에게 북한에 대한 이야기를 들려주는 것이었
다. 기회가 생길 때마다 북한에 관련된 정보들을 제공해 주고, 함께
기도할 수 있도록 모임을 만들어 북한의 소식을 전해 주는 것이다.

　기회가 닿으면 교수님들을 찾아가 북한의 상황에 대해 말씀을
드렸다. 존경하는 한 교수님께서는 강제 북송 저지를 위한 시위에
참석하셨는데, 무려 11일 동안 물 한 잔도 마시지 않으며 단식을 감
행하셨다.

　한번은 같은 학교에 재학 중인 친구들에게 북한에 대해 알려 주
고 싶은 마음에 친구 한 명과 함께 북한 특강을 개최하였다. SNS를
통해 강의 일정을 알리고 후원금 계좌도 안내했다. 나흘 만에 자발
적인 후원금 100만 원이 모아졌다. 100여 명의 학생들이 점심식사
를 포기하고 특강을 들으러 강의실로 모였다.

　단 한 명이라도 북한에 대해 듣고자 하는 사람이 있다면 달려가

서 이야기를 전해 주었다. 강의 자료가 필요한 사람에게는 강의 자료를 메일로 보내 주고 설명해 주어 그들이 또 다른 전달자가 될 수 있도록 도움을 주었다.

나의 인생 가운데 북한에 대해 가르치고 알리는 일은 굉장히 중요한 삶의 일부가 되었다. 어떻게 하면 많은 사람들에게 북한에 대한 실상을 제대로 알릴 수 있을까 고민하며 다양한 시도들을 한다. 기도 모임으로, 강의로, 교재로, 사진전으로, 노래로, 연극으로, 글과 말로 북한을 알리고 가르친다.

알면서도 침묵하는 자가 되지 않게 하소서　　　2차 세계대전 때 유럽의 정치인들은 히틀러가 무슨 일을 꾸미고 있는지, 어떤 일을 하려 하는지 다 알고 있었음에도 입을 열지 않았다. 그 정치인들은 뻔히 알면서도 막아서지 않았다. 유린당하는 사람들을 방치했다. 말하지 않고 침묵했던 정치인들은 '전쟁의 공범자'라고 말할 수 있을 것이다.

나는 하나님께 기도했다.

"하나님…. 제가 죽는 그날까지 비겁한 삶을 살지 않도록 붙잡아 주세요. 북한의 독재자들이 인민들에게 저지르는 만행을 알면서도 모른 척 침묵하며 살지 않게 해주세요. 알면서도 입 다물고 구경하는 방관자가 되지 않게 해주세요. 지금도 고통 가운데 신음하며 살고 있는 동족들이 있습니다. 그들을 생각하며 기도하기 원합니다. 입을 열어야 할 때 두려움에 망설이지 않게 해주세요."

하나 된 대한민국이여, 어서 달려오라!　　　어느 겨울, 한 평도 채 되지 않는 교회의 골방에서 나는 눈을 감고 기도했다.

"하나님! 저의 미래를 위해 기도합니다."

그날 하나님은 내게 처음으로 북한을 향한 꿈을 주셨다. 하나 된 남과 북이 하나님을 예배하며 찬양을 올려드리는 장면이 눈앞에 그려졌다.

오래전부터 꿈꿔 온 하나님의 소망, '통일'이 이제는 정말로 가까이 달려오고 있다. 남한의 청년들은 각자의 모습과 재능으로 북한의 2천4백 만 주민을 맞을 준비를 해야만 한다.

소리 없는 소리가 들려온다. 들려오는 이 소리는 멀지 않다. 힘차게 달려오는 이 소리는 보이지 않지만 들린다.

"Good Bye 분단 대한민국. Welcome to 통일 대한민국. 하나 된 조국 대한민국이여, 어서 달려오라!"

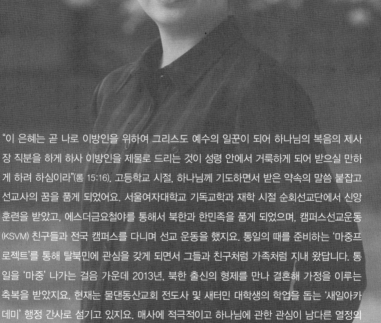

"이 은혜는 곧 나로 이방인을 위하여 그리스도 예수의 일꾼이 되어 하나님의 복음의 제사장 직분을 하게 하사 이방인을 제물로 드리는 것이 성령 안에서 거룩하게 되어 받으실 만하게 하려 하심이라"(롬 15:16). 고등학교 시절, 하나님께 기도하면서 받은 약속의 말씀 붙잡고 선교사의 꿈을 품게 되었어요. 서울여자대학교 기독교학과 재학 시절 순회선교단에서 신앙 훈련을 받았고, 에스더금요철야를 통해서 북한과 한민족을 품게 되었으며, 캠퍼스선교운동(KSVM) 친구들과 전국 캠퍼스를 다니며 선교 운동을 했지요. 통일의 때를 준비하는 '마중프로젝트'를 통해 탈북민에 관심을 갖게 되면서 그들과 친구처럼 가족처럼 지내 왔답니다. 통일을 '마중' 나가는 걸음 가운데 2013년, 북한 출신의 형제를 만나 결혼해 가정을 이루는 축복을 받았지요. 현재는 물댄동산교회 전도사 및 새터민 대학생의 학업을 돕는 '새일아카데미' 행정 간사로 섬기고 있지요. 매사에 적극적이고 하나님에 관한 관심이 남다른 열정의 사람이라고 저를 소개하고 싶습니다. 주님이 다시 오실 길에 방해하고 있는 돌 하나 치우고, 주님이 머무실 집에 벽돌 한 장 쌓고 싶은 저는 예수님의 강한 신부랍니다. *^^*

가향이

우리 함께 통일 마중 나가자

탈북 청년들과의 만남을 통한 통일 연습

가
찬
미

우리,
일어나 통일 마중 나가자!

하나님의 울부짖음

× 탈북민들을 향한 나의 마음을 감출 수가 없다. 하늘로부터 내려온 그
사랑의 불씨가 자꾸만 나를 움직이게 한다. 이들을 통해 받은 축복이
나뿐 아니라 모든 한민족에게 전해지길….

_2013. 7. 7. 《우리의 소원은 통일》을 읽고

일 년. 이제 꼭 일 년이 되어 간다. 그동안 나의 보물이 되어 버
린 탈북민 친구들과 함께한 시간들이 가슴 절절히도 감사하게 그리
고 감격스럽게 내 머릿속을 맴돌며 마치 꿈처럼 스쳐 지나간다.

어느 날 교회 목사님께서 내게 수요예배 설교를 부탁하셨다. 설

교하실 만한 다른 분도 계셨기에 정중히 사양했지만 목사님께서는 탈북민을 만나면서 하나님이 내게 주신 마음을 나누라고 하셨다.

"음…. 그거라면 할 수 있어요."

그렇게 수요예배 설교를 전하게 된 계기로 지난 1년 동안 내게 허락된 소중한 추억들을 돌아보게 되었다. 당시 나는 삶의 현장에서 치열하고 정신없고 바쁘게 일주일을 쉬지 않고 달려가고 있었다. 수요일과 금요일 그리고 주말에는 교회 사역으로, 주중에는 회사일로 쉼 없이 달려가면서도 마음 한편에서는 '이렇게 사는 게 맞는 걸까' 하는 생각이 들기도 했다. 브레이크 없이 달리는 일상 가운데 잠시 멈춰 서서 설교를 준비하던 그 시간은 참 뜻깊고 감사했다. 마음 깊숙한 곳에서 다시금 탈북민들을 향해 뜨거운 불이 지펴지기 시작했기 때문이다.

히브리어 어원에 따르면 '사람'과 '불'은 어원이 같다. 무언가에 불타올라야만 하는 존재. 그렇게 내 마음은 하늘로부터 떨어진 사랑의 불, 눈물의 강에 반응하기 시작했다. '하나님의 울부짖음'은 내가 탈북민들을 만나면서 느낀 애통함을 한마디로 표현한 것이다. 그들을 생각하며 눈물 쏟아 기도하면서, 이것은 나의 눈물이 아니라 하나님의 눈물이며 절규라는 것을 깨달았기 때문이다. 하나님의 울부짖음에 반응한 나의 스토리를 지금부터 시작해 보려 한다.

연습하다

나의 보물들을 만나기까지　　　　　　　나는 어쩌다 북한
과 탈북민에게 관심을 갖게 된 것일까?

　　대학교 4학년 마지막 학기, 북한학 교양 강의에 호기심을 느껴
수강 신청을 한 것이 계기가 되었다. 우리나라는 세계 유일의 분단
국가 아닌가. '북한에 대한 이해'란 과목은 대한민국 국민이라면 필
수로 들어야 한다는 생각이 들었다. 이와 더불어 학교에서 연계해
진행하는 새터민 초등학생을 위한 방과 후 교실 봉사활동도 하게
되었다.

　　2007년에는 우리나라와 민족, 특히 북한을 위해 금요일마다 철
야하며 기도하는 모임에 꾸준히 참여하게 되었다. 우리나라는 전
세계적으로 '기도'로 유명한 나라다. 하물며 '통성 기도'를 영어로
'Korean style prayer'라고 하지 않는가. 요즘은 예전 같지 않게 기
도의 불이 식어 가고 꺼져 가는 교회들이 많긴 하지만, 여전히 밤을
지새며 나라와 민족을 위해 기도하는 곳이 존재한다는 점이 놀랍
고 감사했다.

　　북한의 실상을 알아 가며 기도할수록 마음이 뜨거워졌다. 나 역
시 북한의 실상과 기도 제목을 다른 사람들과 공유하지 않을 수 없
었다. 금요철야를 마치고 토요일 낮에 부모님과 함께 식사하면서도
북한을 위해서 기도해야 한다며 열변을 토했다. 그 덕분에 부모님도
이 기도 모임에 몇 번 나오셔서 함께 기도했다.

통일을 마중 나가자

그렇게 뜨겁게 기도 했던 시기도 잠시, 2012년 '마중프로젝트'에 참여하기 전에는 한동안 북한에 대한 마음이 잠시 식어 있었다. 그 사이 직장생활도 하고 이스라엘 선교 활동을 하느라 바삐 지냈기 때문이다.

이스라엘에서의 시간을 마무리하고 집에서 잠시 휴식을 취하고 있던 기간에 KSVM(캠퍼스선교운동) 친구들이 통일을 마중 나가자고 외치며, 전국 일곱 개 도시에서 '마중 콘서트'를 한다는 소식을 전해 주었다. 가족처럼 친밀하게 지내는 친구들이었기에 자연스럽게 마중프로젝트에 참여하게 되었다.

마중프로젝트는 자발적으로 해외 선교 운동을 하는 대학생, 청년들의 모임을 중심축으로 하여 '통일의 때'를 준비하자는 취지로 시작된 모임이었다. 마중프로젝트는 크게 '마중 콘서트'와 '마중 수련회'로 나뉜다. 통일이라는 주제가 지금 이 시대를 살아가는 청년·대학생들에게 얼마나 중요한지를 이야기하고, 우리가 앞장서 통일을 준비하고 맞이해야만 한다고 외치며 함께 예배하고 기도했다. 마중 수련회는 무려 4주간이나 진행되었는데, 이 중 첫 주는 성경 통독을 하고 둘째, 셋째 주에는 통일 관련 전문가들을 초청해 강의를 들었다. 마지막 한 주일은 강사를 모시지 않고 〈잘 살아 보세〉라는 방송 프로그램처럼 탈북민, 디아스포라(교포) 청년, 대학생 친구들과 함께 가족처럼 먹고 자며 통일을 '살아 보자'는 취지로 계획되었다.

그러나 정작 탈북민들은 한 명도 참여하지 못했다. 어찌 보면 마지막 한 주는 마중프로젝트의 하이라이트와 같은 프로그램으로 통일 이후의 실제 삶을 체험해 보기 위해 준비된 것이었다. 그토록 기도하고 간절히 바랐건만, 탈북민은 한 사람도 오지 못해 아쉬움을 감출 수 없었다.

수련회에 단 한 명의 탈북민도 참여하지 못했던 것은 아마 우리와 친하게 지내는 탈북 청년 친구들을 거의 찾아볼 수 없어서가 아니었을까. 수련회에서 우리가 만났던 탈북민들은 대부분 강사로 초대된 간증자 몇 분 정도였다. 다른 무엇보다도 탈북민과 개인적인 친분을 쌓는 것이 더 먼저라는 걸 절실히 깨달은 수련회였다.

우등불 앞에서의 프러포즈　　　　　　　마중 수련회 마지막 날 밤, 우리는 캠프파이어를 했다. 북한 말로 캠프파이어는 '우등불'이다. 불 중에서 가장 큰 '우등'이라 그렇단다. 그 단어의 어감이 정말 귀엽다.

우등불 앞에서 우리는 한 사람씩 돌아가며 통일을 마중 나가기 위해 각자 실행할 수 있는 결단을 한 가지씩 나누었다. 어떤 친구는 하루에 10분이라도 통일을 위해서 기도하겠다고 했다. 또 한 친구는 중국에 다시 돌아가 유학생들과 통일에 대해서 이야기를 나누며 기도하고 싶다고 했다.

"저는 이 세대의 어미가 되고 싶습니다."

"하나님 음성을 듣는 외교관이 되고 싶어요. 중국을 깊이 공부해서 남북 통합 과정에 북한과 중국의 관계를 잘 정리하고, 통일 한국의 국민으로서 중국과의 외교 활동을 하고 싶어요."

"불편하게 살기로 결정합니다. 편하고 안락하고 평안한 삶에만 머무르지 않겠습니다."

그때 나의 고백은 이것이었다.

"한국에 2만 8천여 명이나 되는 탈북민들이 와 있다고 하는데, 그동안 제가 너무 무관심했습니다. 이제는 적극적으로 탈북민들을 찾아가서 친구처럼 가족처럼 지내며 통일을 마중하고 싶습니다."

이 결단이 내 삶을 180도 바꿀 거라고는 상상도 못했다. 이 기도가 나로 하여금 실제로 탈북민들 앞에 서게 할 것이란 사실도, 그들로 인해 많이 웃고 울게 될 날이 오리란 것도 그때는 예상하지 못했다. 하나님이 내 마음에 심어 주신 작은 소원을 얼마나 크고 놀랍고 아름답게 이루어 가실지 전혀 알지 못했다. 그분의 큰 계획을 상상도 못한 채 나도 모르게 풀어 놓았던 우등불 앞에서의 고백은 어느덧 내 삶 가운데 그대로 이루어지기 시작했다.

탈북민들과의 첫 만남   우등불 앞에서 올려 드린 나의 결단은 약 일주일 후에 곧바로 실현되었다. 내가 탈북민들을 적극적으로 찾아가 만나겠다고 말한 지 얼마 지나지 않아 제

주도에서 열린 '한우리비전캠프'에 참여하게 되었다. 60여 명의 탈북 청소년, 청년들과 함께 먹고 자며 생활하게 된 것이다. 어찌나 기도가 빨리 이루어졌는지…. 하나님이 내 입술에서 흘러나오는 진심 어린 고백을 아주 많이 기다리고 계셨던 것만 같았다.

약 10여 년 전부터 진행되어 온 한우리비전캠프는 여름과 겨울 두 계절에 걸쳐 탈북민들과 함께하는 수련회다. 특정 교회나 단체가 주관하는 것이 아니고, 뜻 있는 분들의 작은 헌신이 모아져 소박하게 이어진 것이다. 내가 그렇게 소원했던 탈북민들과 친구 맺는 일이 생각보다 빨리 수월하게 이루어지자 조금 얼떨떨했다. 마치 꿈꾸는 기분이었다.

보통 캠프에서는 시간을 정확히 맞춰서 취침에 들어가야 한다. 스태프들은 이런 부분을 통제하는 것이 마땅하다. 그런데 한우리캠프에서는 아이들을 지나치게 통제하면 안 된다고 하셨다. 일반 캠프가 아니기에 고민스러운 부분이 많았다. 탈북민들을 대할 때 어떻게 해야 할지, 어떤 대화를 나눠야 할지 매우 조심스러웠다. 내가 하는 질문이나 태도가 그들에게 상처가 되지는 않을지, 어떤 주제로 이야기를 이끌어 가야 할지 등이 고민이 됐다. 다행히 다섯 명 정도씩 조별로 묶어서 조원들끼리 깊이 교제하는 시간을 가질 수 있었다. 나는 조장으로 또 예배팀으로 캠프 스태프로 참여했다.

그때 인연을 맺었던 우리 9조 아이들과는 캠프 후에도 계속 연락을 하고 있다. 캠프 기간 동안 탈북민들을 만나서 함께 밥을 먹고 놀고 대화를 하고 잠을 자고 하는 그 순간순간이 감격스러웠고 감사했다. 하지만 처음에는 망설임 반, 설렘 반의 감정으로 약간은 경직되어 있었던 것 같기도 하다. 북에서 온 친구들과 함께 지내는 그 기간 동안 마치 통일이 내 눈앞에 와 있는 것처럼 느껴졌다.

한우리비전캠프 후폭풍

한우리비전캠프 이후에 여러 명의 탈북민들을 일대일로 만나기 시작했다. 여러 친구들을 만나 같이 밥을 먹고 놀고 예배하며 함께 시간을 보내면서 캠프 때는 공유할 수 없었던 개인적이고도 깊은 이야기들을 나눌 수 있어서 기뻤다.

한 탈북민 친구는 외로움을 굉장히 많이 탔다. 부모님 두 분이 모두 북에서 돌아가셔서 혼자 살고 있던 그 친구는 늘 사람들을 그리워했다. 천성이 사람들을 워낙 좋아하는 편인지라 혼자 집에서 잘 때면 외로움에 편히 못 잔다고 하였다. 그러던 어느 날, 그 친구의 표정이 너무 밝아서 좋은 일이 있냐고 물어보았다. 알고 보니 그친구 집에 잠시 동안 세 사람이 머물러 같이 지내고 있었다. 그 친구를 보며 탈북민들에게는 '가족'이 되어 줄 누군가가 절실히 필요하구나 하는 생각을 했다.

고등학생인 한 탈북민 친구는 어머니와 단둘이 남한에 들어왔다. 그 친구는 북에 홀로 남아 계신 아버지의 건강이 좋지 않다며 걱정을 했다. 어머니는 아버지를 모셔 오기 위해 일주일 내내 고생하며 일을 하셨다. 그 친구의 아버지는 정신적으로도 건강하지 못한 터라 돈을 모은다고 해도 수월하게 모셔 오기 힘든 상황이었다.

한편 성격이 명랑하고 밝은 20대 초반의 다른 탈북민 아이는 한국에 온 지 1주년이 된 날 모여서 축하해 주자 의외의 반응을 보였다.

"사실은 한국에 와서 사는 것이 너무 힘이 들어요. 왜 왔는지도 모르겠고…"

그 말끝에 그 친구는 눈물을 흘렸다. 그 아이 역시 부모님이 두 분 다 돌아가셔서 혼자 생활을 꾸려 가고 있었는데, 마음의 방황이 찾아올 때면 갈피를 못 잡는 것 같아 안타까웠다. 우리 모두 눈물 흘리며 그 아이를 위해 기도해 주었다.

마중프로젝트를 함께한 친구들의 아지트와 같은 장소가 있다. 보라매공원 근처에 있는 '보라매기도의집'(비합)이다. 나는 그곳에 자주 가서 내가 만나는 탈북민들을 여러 명 소개해 주며 같이 어울렸다. 나 혼자 탈북민들을 만났다면 무엇을 어떻게 해야 할지도 막막하고, 여러 친구들을 지속적으로 만나는 게 힘겨웠을 것이다. 그렇지만 바로 몇 주 전에 함께 통일의 꿈을 꾸었던 친구들과 더불어 탈북민들을 만나 시간을 보내서인지 더 풍성한 생명이 흘러갔다.

대부분의 탈북민들은 외로움을 많이 탄다. 함께 시간을 보내고 친구가 되어 줄 사람들이 절실히 필요한 것이다. 일방적으로 남한 사회 정착을 위한 정보만을 전달하기보다는, 그들과 함께 시간을 보내 줄 사람을 붙여 주는 것이 훨씬 중요하다는 생각이 들었다. 내가 바로 그 역할을 할 수 있다는 점이 몹시 감사했다. 짧게나마 함께하는 시간, 가족과 같은 울타리가 되어 주는 것. 아플 때 병문안을 가고 힘겨워할 때 걱정해 주고 예배하고 기도해 주는 것. 이처럼 아주 소소한 것들이 필요하다.

내가 만난 탈북민들은 주로 음식을 잘 만들었다. 그중에서도 특히 충성(가명)이는 '두부밥'을 잘 만들었다. 그래서 충성이를 우리 교회로 초청해서 두부밥을 함께 만들기도 했다. 그 이후 충성이는 본인이 직접 교회에 찾아와 두부밥을 여러 번 만들어 주었다. 만드는 과정이 세 시간 이상 걸릴 정도로 쉽지 않은 요리였지만 충성이는 매우 뿌듯해하고 좋아했다.

탈북민들에게 무조건 도움을 주는 것만이 정답은 아닌 것 같다. 그들이 우리에게 베풀 수 있는 그들만의 달란트, 재능들을 찾아 주어 그 재능을 한껏 발휘할 수 있도록 장을 만들어 주고 함께 누리며 기뻐해 주는 것. 이것이 정말 탈북민들에게 필요한 일 아닐까.

캠프 끝나고 연속 2주간 탈북민들과 시간을 보내며 들었던 마음은 '진짜' 탈북민들의 친구이자 가족이 되어 주고 싶다는 것이었다. 나 혼자만이 아니라 통일을 꿈꾸며 하나님 나라를 소망하는 청년들과 연결해 주어서 탈북민들의 심적인 외로움과 그들의 필요를 조금이라도 나누며 함께 울고 웃고 싶다.

연습하다

탈북민들을 '사역의 대상'으로 보기보다는, 그저 함께하는 시간을 공유하는 친구, 가족이 되어 주고 싶다. 그리하여 하나님이 북한을 얼마나 사랑하고 계신지를 깨닫고, 그 아버지의 심정을 자연스레 느끼도록 도와주고 싶다.

탈북민 만나는 거, 어렵지 않아!　　　　탈북민들 중에는 어머니와 함께 한국에 온 친구도 있고, 부모님이 모두 돌아가셔서 혼자 탈북민 대안학교를 다니는 친구들도 있었다. 죽음의 고비를 넘어 남한에 와 대한민국의 국민이 되기까지 그들은 수많은 어려움을 겪는다.

내가 만나 본 탈북민들은 주로 10대 후반에서 20대 초반의 청소년과 청년들이었다. 탈북민들의 공통된 말투나 느낌이 있기는 하지만, 남한 사람들도 각자가 다른 성격과 개성이 있듯 이 친구들 또한 저마다 다양한 모습을 지니고 있다.

탈북민들은 남한 친구들과 친밀하게 어울리고 싶어 했다. 탈북민들끼리 있으면 고향도 같고 서로 잘 통하기도 하겠지만, 한편으로는 남한 친구들을 만나 교제하는 것이 그들에게는 영육 간에 더 큰 유익이 될 것 같다.

나는 탈북민들을 만나면서 경험하고 생각한 것들을 기도 편지 형식으로 이메일이나 SNS를 통해 나누기 시작했다. 그러자 감사하게도 후원자가 생겼다. 내 동생의 친구가 정기 후원해 주었고, 때에 따라 가족들과 지인들이 소식을 듣고 후원해 주셨다.

탈북민 친구들을 만나며 교제한다고 하면 북한 사역을 조금이라도 아시는 분들은 참 어려운 일을 한다며 고생이 많겠다고 격려하신다. 그분들의 걱정스러운 시선과는 달리 이 일은 그리 어렵지 않다. 누구나 자신이 할 수 있는 것을 소소하게 실천해 나가며 한 걸음씩 나아 가면 된다. 친구들이나 가족들과 시간을 보내는 것처럼 탈북민들을 만나고, 또 마음의 소원들이나 공유하고 싶은 자료들을 정리해 기도 편지를 써서 인터넷에 공유하는 일이기에 전혀 어렵지 않고 오히려 즐거웠다.

기독실업인회에 계신 어느 사장님은 내가 공유한 소식들을 보시고는 만남을 청하셨다. 그분께 탈북민을 향한 주님의 마음을 나누자, 사장님께서는 헌금을 건네시며 탈북민들 만날 때 맛있는 것을 사주라고 하셨다.

선교사님 자녀인 한 친구도 인터넷에 공유한 내 글을 보고 한우리교회 그룹홈에 있는 탈북민들을 대상으로 영어 자원봉사를 하기도 했다. 그 친구는 본인의 교회 사람들까지도 동원하여 적극적으로 만남을 지속했다.

연습하다

울어야 산다

하나님의 눈물   탈북민들을 만나기
시작한 초반에는 나의 건강 상태가 그리 좋지 않았다. 무리한 스케
줄 때문일 수도 있을 것이다. 그런데 단순한 피로 때문인 것 같지는
않았다. 탈북민 친구들의 속 깊은 이야기들을 다 듣지는 못했지만,
아무래도 그들의 아픔과 고통이 나의 마음 깊숙이 전달되었던 것
같다.

마음이 먹먹하고 답답했다. 대성통곡하며 마구 울고 싶은 마음
이 들었지만 그럴 만한 장소도 마땅치 않았다. 엉엉 울지 않은 날은
시름시름 앓았다. 몸과 마음이 아파 힘이 쭉 빠졌다. 매주 금요일 철
야 기도에 나가 통곡하며 기도하고 나면 다행스럽게도 마음이 한결
가벼워졌다.

그러던 어느 날, 내 친구의 페이스북에 바다 사진과 함께 이런
글이 올라왔다.

×   바다 냄새를 맡으며 생각했다. 태초부터 신과 인류가 함께 흘려 온 눈물이
           모여 있구나. 수천 년을 계속해서 흘러오고 있구나. 그리고 또 생각했다.
           눈물을 많이 흘려 본 사람은 바다처럼 넓은 마음을 갖게 되지 않을까.

탈북민 친구들을 만나기 시작하면서 내 심장에 눈물이 바다 같

이 가득 차오르는 것을 느꼈다. 이 눈물을 콸콸 쏟아 내지 않으면 내 마음이 터져 버릴 듯 답답하고 아팠다. 가끔 금요 철야 기도회에 가서 그저 어린아이처럼 엉엉 울다 보면 정작 기도는 제대로 못한 채 모임이 끝나곤 했다.

한참을 울다 보면 이런 생각이 들기도 했다. '우리 부모님이 돌아가신다 해도 이렇게 서럽고 애절하게 울까.' 한때 북한을 위한 수요 기도회에 참석했을 때 내 마음에 이러한 고백을 품었었다.

하나님 위로하기?!

메마른 나의 심장에
떨어진 눈물방울 하나
뚝

내 심장에 차 있는
알 수 없는 이 눈물은
흐느낌이 되고
하염없는 울부짖음이 되고

울며 생각해 보니
문득
이 눈물은
위로부터 떨어진 하늘의 비

위로 받으셔야 하는
하나님의 넘치는 눈물 아닐까

내가 이 땅에서
이유를 모르고 우는 것은
하늘의 슬픔 때문인가 보다

나의 소박한 눈물 기도로
감히
하나님의 마음을 위로할 수만 있다면

탈북민들을 만난 이후 내가 받은 축복은 굉장하다. 회개와 감사와 간절한 기도가 동시에 터져 나왔다. 팔복에 "애통하는 자는 복이 있나니"라는 말씀처럼 내 마음이 참으로 가난하게 되어 버렸다.

탈북민들을 만나는 동안 내 마음속에 세 가지 기도 제목이 떠올랐다. 첫째는 탈북민들이 하나님을 '진짜로' 만나는 것이다. 둘째는 하나님이 탈북민들의 아버지가 되어 주셔서 그들이 하나님의 사랑과 관심과 돌봄을 실감하게 해달라는 것이다. 셋째는 한국의 모든 교회가 함께 어우러져 하나님이 보내 주신 보물과 같은 이들에게 다가가 가족과 친구처럼 통일을 준비하며 살아가는 것이다.

진짜 아버지

하나님 아버지
우리를 고아와 과부처럼 두지 마시고
하나님이 이 땅에서도
진짜 아버지가 되어 주세요

우리를 더 깊이 만나 주세요
하나님 사랑을 만나야만
진정한 소망이 생깁니다

하나님 아버지
당신만을 신뢰합니다

지금은 표현할 길 없는
눈물이 내 안에 가득 차 있지만
이 울부짖음이 끝내 그날에는
티 없이 맑은 웃음이 될 것입니다
마침내 해피엔딩이 되고야 말 것입니다

연애와 통일, 두 마리 토끼를 잡다　　　　　탈북민들을 만나고
돌아가는 길…. 벌써 또 보고 싶어진다. 그들과 함께 있으면 롤러코
스터를 타는 것처럼 잔뜩 긴장이 되었다가도 이내 새롭고 신선하며
가슴이 펑 뚫리는 듯한 기분이 들었다. 하나님 마음이 좀 더 가까이
느껴진다고 해야 할까. 그렇게 탈북민들을 신나게 만나며 지내다 보
니 주님이 선물도 주셨다. 바로 '첫 남자친구' 말이다.

　　마중수련회 때 한 동생이 나에게 물었다.

　　"언니는 연애 안 해요?"

　　"나는 지금도 너무 재밌는데!"

　　그렇게 하나님의 마음을 따라가다 보니 탈북민들을 만나게 되
었고, 그 만남 가운데 탈북민과 연애까지 하게 된 것이다. 마치 하

늘에서 선물을 뚝 떨어뜨려 주신 건 아닐까 하는 생각이 들었다.

그를 만난 건 한 기도 모임에서였다. 우리는 가을 추석 즈음에 처음 만났다. 공교롭게도 10월에 많은 행사들이 있었다. 바자회, 체육대회, 불꽃축제 등. 그와 자주 만날 기회들이 마련되어 메시지를 나누다가 내가 먼저 이렇게 문자를 보냈다.

"저, 오빠랑 더 친해지고 싶어요."

"응? 무슨 소리야? 난 지금도 충분히 친하다고 생각하는데…. 혹시 사귀자는 거야? 솔직히 말해 줘. 나는 찬미랑 이야기하면 편안하고 좋은데…."

그렇게 해서 28년 만에 나의 첫 연애가 시작되었다. 모두가 우리의 만남을 진심으로 축복해 주었다.

2013년에 우리는 '통일 가정'을 이루었다. 나의 시댁이 북한이 된 것이다. 이로써 내게 '통일'이 생생한 삶의 영역으로 들어왔다. 가족 같은 친구가 되기 원했는데 진짜 가족이 되어서 기쁘다.

대부분의 사람들은 북한 출신의 형제와 연애를 한다는 사실에 다른 점들이 아주 많이 있을 거라고 짐작했다. 그런데 언어나 문화적인 부분에서 부딪힌 적은 거의 없다. 그저 성격 차이가 있었을 뿐이다. 물론 남편의 탈북 스토리를 자세하게 들을 수 있는 기회가 많았다. 그런 면에서는 누구와도 경험할 수 없는 아주 특별한 데이트 시간을 누릴 수 있었다.

때때로 감당하기 힘든 갈등의 시기가 찾아오기도 했지만, 그때마다 나는 올해 하나님이 주신 약속의 말씀을 붙잡았다.

※ 인내를 온전히 이루라 이는 너희로 온전하고 구비하여
조금도 부족함이 없게 하려 함이라(약 1:4).

나는 성격이 불같고 결단이 빠른 편인데 남편은 꽤나 신중한 편이다. 이런 성격 차이가 우리를 위기로 몰아넣을 수도 있었지만, 그때마다 약속의 말씀을 떠올리며 인내했다. 약간 서운한 마음이 들면 하나님 앞에서 울며 기도했다.

내가 주로 만난 탈북민들은 주로 남자가 많았다. 여자 아이들은 많이 바쁘기도 하고 마음을 쉽게 열어 주지 않기 때문이기도 하다. 남자 탈북민들의 주된 공통점이 있다. 여러 면에서 섬세한 감각을 지니고 있다는 점이다. 요리와 운동을 잘하며 예술적 센스도 갖추

고 있다. 많은 사람들이 탈북민들은 성격이 상당히 거칠다고 말하지만 내가 경험한 바로는 그 반대인 것 같다. 아마 내 눈에 콩깍지가 씌어서 좋은 점만 보이는 건지도 모른다.

교회 안에서 탈북민 만나기　　　　　　2012년 10월 말, 나는 세계비전교회(현재는 주비전교회)의 교육전도사가 되었다. 사람들은 종종 내게 전도사가 된 이유를 물어본다. 여러 가지 이유가 있지만 그중 하나가 바로 탈북민들 때문이다. 탈북민들을 만나기 시작한 시기에 탈북자를 대상으로 사역하시는 열방빛선교회 대표 최광 선교사님의 말씀이 절실히 다가왔다.

"통일을 맞이하려면 지금부터 최소한 하루 세 시간 이상 기도해야 합니다."

정말 옳고 좋은 말씀이긴 했지만 실현 가능성이 희박해 보였다. 그러나 막상 탈북민들을 만나고 보니 매일 울며 기도하지 않을 수 없었다. 혼자 집에 있으면 새벽기도를 하기가 힘들다. 하지만 전도사 사역을 하며 교회에서 지낸다면 탈북민들을 위해 새벽기도를 하기 수월하지 않을까 싶었다. 그리고 탈북민들을 만나며 받은 축복을 우리 교회 아이들과 나누고 싶었다. 목사님께서도 적극 지지해 주셨다. 아이들을 믿음으로 훈련시켜서 탈북민들을 만나고 통일 한국과 세계 선교, 하나님 나라를 위해 살도록 지도하라고 하셨다.

청년부 모임에 탈북민들을 초청해서 같이 예배하고 식사하고 탈북 사연을 듣는 시간을 마련하기도 했다. 남한 땅에 온 지 일 년이 되는 날에는 함께 케이크를 나누어 먹으며 축하해 주고, 집에 방문하여 두부밥을 같이 해먹기도 했다. 나에게서 탈북민을 소개받은 한 교회 청년은 나보다도 더 친한 친구로 지내고 있으며, 여름과 겨울에 열리는 '탈북 청소년을 위한 한우리비전캠프'에도 우리 교회 사람들이 스태프로 참여하고 있다. 지난겨울 캠프 때는 고등학생 두 명, 청년 대학생 세 명이 스태프로 참여했다. 캠프를 마치고 각자 소감을 나눌 때 그들은 한결같은 반응을 보였다. 모두가 말을 잇지 못한 채 눈물만 흘릴 뿐이었다.

×   "탈북민은 좀 까다로울 줄 알았는데 저희보다 더 성격 좋은 거 같고 쿨하고 좋았어요." (고2, 자매)

×   "저희가 북한 사람들을 만나볼 기회가 없었잖아요, 살면서…. 근데 한우리캠프에 가서 북한 사람들 만나 이야기도 하고 친해지고 하니까 그냥 말로만 들었을 때보다 더 북한이라는 나라에 대해 마음에 와 닿는 것도 크고, 하나님이 북한을 정말 많이 사랑하신다는 생각이 들었어요. 그리고 그 사람들이 예수님 믿고 기도하는 모습이 되게 많이 신기하기도 하면서 제 모습을 깊이 반성하게 되었어요." (고3, 자매)

×   "하나님께서 다른 나라를 바라볼 수 있는 넓은 시야를 주시는 것 같아서 정말 감사했어요!" (대학생, 자매)

×   "탈북민들과 북한에 대해 관심조차 없었는데 자주 접하면서 기도하게 되었어요. 세상 사람들이 주는 가짜 사랑이 아닌 하나님이 주시는 진짜 사랑을 많이 경험했으면 좋겠다는 마음이 들었어요." (대학생, 자매)

교회에서 북한 관련하여 강사를 초청해 말씀을 듣기도 했다. 북한을 품고 바라보며 기도하는 시간을 갖게 되면서 통일에 대한 기대감이 우리 교회 성도들 안에서 강하게 일어났다.

마지막 찬스를 잡자! 오늘날 한국 교회가 '위기'라는 말을 많이 한다. 세상의 가치관과 다를 것 없는 성공의 개념이 교회 안에도 그대로 들어왔다. 복음의 능력을 상실해 스스로 깨끗게 하기가 불가능하다는 분석이 나오기도 한다.

그런 와중에도 대부분의 탈북민 대안학교들이 한국 교회의 지원과 헌신으로 세워진 것을 보면 아직 소망의 불씨가 살아 있는 것 같다. 이 소망의 불씨를 힘입어 우리가 더욱 마음 기울여 탈북민들에게 예수님의 사랑으로 다가가길 원한다. 하나님이 주시는 통일이 우리 모두에게 축복이 되길 바란다.

북한 출신의 김성근 전도사님의 말씀 가운데 깊이 와닿은 것이 있다. 우리가 일방적으로 북한을 돕는 것이 아니라, 오히려 순교 신앙으로 살아가는 북한 성도들을 통해 우리가 받는 영적인 복이 참으로 크다는 것이다.

각자의 삶의 터전인 교회, 캠퍼스, 가정 등 곳곳에서 탈북민들과 친구 또는 가족처럼 지내며, 무엇보다 눈물로 뜨겁게 기도하는 믿음의 사람들이 일어나길 소망한다. 기도하고 기대하며 통일의 그

날을 하나님이 주시는 최고의 축복의 날로 앞당기는 준비된 한민족
이 되길….

혼자 빨리 가기보다 함께 멀리 가기   통일! 북한이나

통일이라는 주제는 우리에게 어떤 의미일까? 그것이 얼마나 가슴
떨리는 단어로 다가오고 있을까. 탈북민들과 특별한 축복의 시간을
보낸 지 이제 일 년 정도밖에 지나지 않았지만, 난 그저 외치고 싶
다. 주변에 있는 탈북민들에게 다가가 그들과 어울리며 함께 살아
보자고. 하나님이 우리 가까이에 보내 주신 숨겨진 보화와 같은 자
들을 찾아내자고.

〈이제 만나러 갑니다〉(탈북 미녀들과 함께하는 토크쇼)라는 프로
그램에서 방영된 '탈북 스토리 영상'을 본적이 있다. 동시대를 사는
10대 후반, 20대 초반의 청년들이 고향이 북한이라는 이유로 호호
백발 노인조차도 경험하지 못했을 가슴 시린 사연들을 얼마나 많이
겪었는지…. 나보다 어리거나 비슷한 또래 친구들 이야기인데도 하
나같이 놀랍고 가슴 아팠다.

'통일'은 참으로 긴급하고 중요한 이 시대의 주제인데, 우리 청년
들은 관심조차 갖지 않는 것이 지금의 현실이다. 대부분의 청년들
은 연애, 결혼, 취직만으로도 벅찬 하루하루를 보내고 있다. 현실이
이러한데도 내가 어떻게 탈북민들에게 푹 빠져 살아가고 있는지 참

신기할 따름이다. 그저 하나님의 마음을 아주 조금 나에게 보여 주셨을 뿐인데 내 심장은 이렇게 벅차게 뛰고 있다. 언제까지 이렇게 탈북민들을 만나는지는 나도 잘 모르겠다.

고등학교 1학년 때 하나님께 올려드린 기도가 생각난다. 내가 이 땅에서 어떻게 살기 원하시는지 하나님 아버지께 물었다. 1년 뒤에 응답을 받았다. '선교'에 대한 말씀이었다. 그때 이후로 나는 흔들림 없이 선교에 대한 비전을 계속 품고 있다. 선교 훈련도 받고 선교지에서 살아도 보았다. 비록 지금은 한국에 있지만, 준비가 되고 때가 차면 주님이 나를 어디론가 보내실 때 주저하지 않고 순종하고 싶다.

선교에 대한 헌신된 마음이 있지만, 시대적으로 민족적으로 지금은 '통일'이 우선이라는 마음이 많이 든다. 통일이 우리 모두에게 복된 일이 되려면 준비해야 한다. 나는 그 통일 준비 중 한 영역인 '탈북민'들을 만나고 있는 것이다. 나는 약 3년간은 이렇게 한국에서 탈북민들을 만나고 싶다고 기도했다. 그 이후에는 어떻게 될지 나도 잘 모른다. 그저 믿고 나아갈 뿐이다.

나는 추진력이 좋은 편이다. 빨리 빨리 하는 걸 즐기는 편이며, 실제로도 행동이 빨라 한때 별명이 'LTE'일 정도였다. 그런데 어떤 트럭 뒤에서 이런 문구를 본 적이 있다.

＊　　빨리 가려면 혼자 가도 좋지만
　　　멀리 가려면 함께 가야 합니다.

청년의 특징은 열정, 변화, 가능성, 잠재력이 아닐까. 빠름을 추구하는 나지만, 멀리 지속적으로 끝까지 가려면 함께 가야 한다는 사실을 기억하려 한다. 탈북민들을 통해서 통일을 준비하고 마중 나가는 일 역시, 나 혼자 뛰는 것보다 함께할 때 한결 수월하고 즐겁게 해나갈 수 있을 것이다.

이 영광스러운 자리로 모두를 초대하고 싶다.

연습하다

기도하다

좋은 사람들과 함께 맛있는 걸 먹으며 시간 보내는 것을 가장 즐거워하는 사람, 방아름입니다. 서울여자대학교 중어중문학과를 졸업하고 북경어언대학교 대학원에서 중국어 국제교육학을 전공했어요. 캠퍼스 시절 IVF를 통해 품게 된 북한을 잊을 수 없어, 북경에서 공부하는 동안 한인 유학생들과 북한을 위한 기도 모임을 만들었었죠. 중국의 심장에서 드리는 북한을 위한 기도. 그 기도를 통해 왜 북경에서 공부하고 기도하게 하셨는지 이유를 발견해 가며, 통일 한국의 모습 속에 한반도와 중국이 함께 동반자로 나아갈 것을 꿈꾸었어요. 현재 통일부 정착지원과에서 근무하며 그 꿈을 이루기 위해 달음질하고 있지요. 저는 '통일 한국'의 모습을 그려 보기만 해도 가슴이 뜨거워진답니다. Until the day! 통일의 날이 오기까지 계속해서 꿈을 꿀 것이고, 그날이 오면 꿈꿔 온 것들을 하나하나 이뤄 갈 거예요! *^^*

중국 땅에 심긴 기도 씨앗

북경에서 북한의 자유를 외치다

방아름

대책 없는 북경 유학생

"你好。" 안녕하세요.
"慢慢来。" 천천히.
"欢迎北京。" 환영합니다.

2010년 3월. 1년의 어학연수 과정만을 작정하고 왔던 나는 5년
째 북경에 머물러 있었다. 그러다 보니 어느덧 친구들과 주변 사람
들의 뇌리 속에서 나의 존재는 조금씩 잊혀 가고 있었다. 한국에서
내 존재감이 사라져 가는 듯한 이 기분…. 한편으로는 한국보다 북
경이 더 편하게 느껴지기도 했다. 우여곡절 끝에 어학연수를 거쳐
직장생활을 하며 바라고 바라던 진정한 북경 유학생이 된 그해….

청년, 통일하자

2014년 6월, 내 나이 29세였다.

싱글인 자매의 몸으로 북경에 거주하며 대책 없는 대학원생으로 지낸 나. 부모님의 못마땅한 시선과 사람들의 부정적인 시선 속에도 나는 여전히 북경에 남아 있었다. 어느덧 북경에서 함께했던 친구들과 선후배들은 다 한국으로 떠났지만 난 끝까지 남았다. 왜? 내 마음에 있는 두 글자. 생각만 해도 가슴이 미어지고 심장이 뛰는 '북한' 때문이다.

어쩌다 북한이 내 마음속에 자리를 잡았을까. 대학생 시절 동아리 캠페인을 진행하던 그때가 시작점인 것 같다. 바로 그때 '북한'이 내 안에 콕 박히게 된 것이다. 당시 선교 단체 동아리(IVF)에서 활동했던 나는 사회부를 담당하게 되었다. 사회의 이슈가 되는 내용을 캠퍼스로 들여와 기독교적 관점으로 청년들에게 전하는 캠페인이었다. 당시 기획은 '북한의 기아 문제'로 정해졌다. 북한의 기아 상황과 북한 아이들의 상태를 보여 주는 사진 전시회를 열고, 옥수수죽 먹기 체험을 하면서 캠퍼스 청년들을 향해 북한에 대한 관심을 호소하는 캠페인이었다. 그렇게 한 학기 동안 캠페인을 준비하면서 북한이 자연스레 내 안에 자리 잡게 되었다. 하지만 당장 내가 할 수 있는 건 아무것도 없었다. 용기도 없었다. 외교? 정치? 정책? 통일을 위해 할 수 있는 건…. 정말 아무것도 없었다. 그저 통일은 대통령이 이끌고 주도해야 하는 문제라고 생각하며 내 마음에 북한이라는 두 글자를 고이고이 묻어 두었다.

기도하다

그렇게 마음속에 묻어 두었지만, 쉽게 사라지지는 않았던 모양이다. '도광양회'(韜光養晦, 자신의 재능이나 명성을 드러내지 않고 참고 기다린다는 뜻의 1980년대 중국 외교 정책)라는 말이 있지 않은가. 나의 삶에도 도광양회가 필요하다는 생각을 했다.

나의 전공인 중어중문을 두고 진로를 고민하던 나는 자연스레 중국으로 눈길을 돌리게 되었다. 뜻이 있는 곳에 길이 있으리라는 생각을 하며, 내 앞에 열린 길로 나아가겠다는 내 신조에 맞게 어떤 길이 열리는지 잠잠히 지켜보기로 했다. 그러던 어느 날 북경의 학교 중에 무료 어학연수 코스가 있는 유학원을 발견했고, 그곳에서 간단한 일을 하면서 생활비와 기숙사비를 벌 수 있다는 정보를 알게 되었다.

이게 웬 떡! 절호의 기회를 포착한 나는 알 수 없는 힘에 이끌려 중국으로 가게 되었다. 표면적으로는 1년을 계획했지만, 구체적으로 언제 돌아올지를 정하지는 않았다. 나는 또렷하게 중국과 한국과 북한이라는 세 나라를 품게 되었고, 중국이 대한민국의 통일에 분명히 도움이 될 것이라는 판단을 했다. 나의 앞일은 주님께 다 맡기고 일단 북경 땅으로 향했다.

통일의 열쇠는 하나님　　　　　　2012년 8월. 1년 반 동안 지속해 온 북경에서의 직장 일을 정리한 뒤 대학원 입학을 앞

두고 있던 나에게 한국에 두 달간 머물 수 있는 시간이 주어졌다. 그때 우연히 아는 동생에게서 연락이 왔다.

"언니, 오늘 저녁 집회가 있는데 같이 갈래요?"

그 말에 나는 스스럼없이 집회에 참석하게 되었고, 그 자리에서 내 머릿속을 강렬하게 두드리는 이야기를 듣게 되었다. 원래 당일만 참석하고 돌아올 계획이었지만 나도 모르게 집회에 참석한 모습 그대로 이틀을 더 머무르다 왔다.

청년들이 주최가 되어 개최한 그 수련회에서 나는 통일에 대한 해답을 얻게 되었다. 내 힘으로 특별한 무엇을 할 수는 없지만, 용기 내어 한 가지 일을 시도하기로 했다. 북경에 돌아가면 기도 모임을 시작해야겠다고 다짐한 것이다.

그 당시 나는 통일에 대해 전해 들은 이런저런 이야기들이 뒤엉켜 머릿속이 도통 정리가 되지 않은 상태였다. 북한을 이야기하면 진보와 보수, 좌파와 우파, 정치권의 이념 갈등, 이익 관계 등에 관해 누구 하나 속 시원하게 풀어 준 일이 없었다. 하나님 나라 가치관으로 바라보는 통일의 관점이 아니라 이익 관계에 기반을 둔 통일의 관점이었기 때문이었다. 하지만 이 수련회에서는 성경에 대입해 한국 상황을 설명해 주어 내 안에 뒤엉켜 있던 문제가 많이 해결되었다. 통일에 대한 사람들의 생각은 저마다 다르지만, 하나님께서는 진정으로 우리가 말씀에 순종하여 하나 되기를 원하신다는 것을 알게 되었다.

하나님께서 이루시기 원하는 통일을 위해 우리가 기도해야 한다는 것이 내 안에 자리 잡은 결론이었다. 하나님께서 한반도의 응어리를 푸실 수 있도록 기도로 돕는 일 말이다.

× 또 다른 천사가 와서 제단 곁에 서서 금향로를 가지고 많은 향을 받았으니 이는 모든 성도의 기도와 합하여 보좌 앞 금 제단에 드리고자 함이라 향연이 성도의 기도와 함께 천사의 손으로부터 하나님 앞으로 올라가는지라 천사가 향로를 가지고 제단의 불을 담다가 땅에 쏟으매 우레와 음성과 번개와 지진이 나더라(계 8:3~5).

하나님께서 제단의 불을 이 땅에 뿌리실 수 있도록 기도를 심는 것이 답이었다. 북한과 남한의 통일은 한 나라의 문제를 넘어서서 중국과 일본 그리고 아시아를 넘어 중동으로 이어지는 '백 투 예루살렘'(Back to Jerusalem)을 향한 하나의 시작점이자 첫 관문이기 때문이다.

我是美籍韩国人~!저는 재미교포예요 한국에서 몸과 마음을 충전하고 온 나는 기도회에 대한 열정으로 뜨겁게 달아올랐다. 어떻게 기도 모임을 시작하지? 북경의 교회를 모아 연합할까? 등등 머릿속이 온통 복잡한 생각으로 가득 차 있었다. 하지만 북한을 위한 기도 모임은 시작부터 난관에 부딪혔다. 담임 목사님께서 진심 어린 우려를 표하시며 시작하지 않는 게 좋겠다고 말씀하신 것이다. 그 말을 듣고 조금 좌절이 됐지만, 일단 담임 목사님의 권면을 따르는 것이 우선이라는 생각에 부득불 내려놓게 되었다.

아쉬운 마음이 컸지만 다 내려놓고 잠잠히 기도해야겠다고 생각했다. 그·러·나 역시 반전의 하나님! 내가 내려놓자 하나님께서 일하기 시작하셨다.

"제 마지막 선교지는 북한이에요."

"북한 여성들의 인신매매에 가슴이 아파요."

하나님께서 붙여 주신 특별한 친구들을 만났다. 북한을 품고 북경으로 어학연수를 온 용감한 자매인 재미교포 민후와 주은이었다. 미국에서 태어나 한국은 두 번밖에 가보지 않은 아이들이지만, 이들의 마음과 시선은 북한에 고정돼 있었다.

"언니, 우리 같이 기도해요."

나를 격려하는 이 말을 들으며 나의 모든 것, 내 의지와 생각을 다 내려놓게 하시고 오직 하나님께서 이끄는 기도 모임을 시작하게 하시려는 그분의 마음이 느껴졌다. 이 재미교포 친구들과의 만남을 시작으로 한국에서 기도의 마음을 품고 왔던 나에게 동역자가 생겼다. 북한을 위해 함께 기도할 친구들 말이다. 주은이와 민후, 그리고 나에게 집회를 같이 가자고 권유했던 미래, 나. 이렇게 넷이 모였다. 그것이 2012년 9월의 일이다. 그렇게 우리는 은밀하고 조용하게 기도 모임을 시작했다.

그 후 알음알음 인맥을 통해 북한을 품은 친구들을 만났다. 그리하여 일곱 명 정도가 한 친구의 집에서 매주 목요 기도회로 모였다. 비록 사람은 얼마 모이지 않았지만 우리는 정말 애끓는 마음으로 북한을 위해 울었다. 다른 이유가 없었다. *자유가 없고 생명이 없는 그리고 하나님이 없는 그곳을 향해 우리가 할 수 있는 건 하나님 앞에 우는 것뿐이었다.* 정말이지 애통한 눈물만 흘렀다.

"하나님, 우리를 용서해 주세요. 무관심한 채 서로 사랑하지 못했던 우리를 아니 나를 용서해 주세요."

이렇게 작고 작은 외침은 매주 목요일 북경 땅에서 울려 퍼졌다. 아무도 듣지 않았지만 주님만은 듣고 계셨다.

"주님, 당신께서 일해 주세요. 하나님께서 원하시는 대로 이루어지게 해주세요."

중국의 심장에서 통일을 외치다!　　　　2012년 12월 겨울.

한 학기 기도 모임이 마무리되었다. 모두 방학을 맞아 한국으로 그리고 선교 여행으로 뿔뿔이 흩어지게 되면서 기도 모임도 방학에 들어갔다. 하나님께서 이 기도 모임을 시작하셨으니 다음 학기에도 그리하실 거라는 확신을 갖고 평안한 마음으로 나도 한국으로 돌아왔다. 한국에서도 통일을 위해 준비하는 많은 청년들을 만나게 되면서, 더욱 뜨겁게 마음을 충전할 수 있었다. 그렇게 감사한 시간을 보낸 후, 북경에서 또 어떤 일이 일어날지 기대하는 마음으로 나는 다시 북경 땅으로 향했다.

사실 북경이라는 곳은 좀 과장되게 말해 작은 한국 사회 같다. 한인 유학생과 한인 교회가 다른 지역보다 많은 편이다 보니 웬만해서는 연합해서 모이는 것이 좀처럼 쉽지 않다. 그런데 청년들이 하나둘씩 모이기 시작했다. 이유는 하나. 북한과 통일을 향한 뜨거운 심장 때문이었다. 그 마음을 품고 청년들이 '자발적으로' 모이기 시작한 것이다. 누가 알았을까. 이렇게 많은 청년들이 자신의 시간을 포기하고 평일 저녁 기도회에 모이게 될 줄 말이다.

우리는 통일을 달라고 기도하지 않았다. 하나님께서 능력이 없어 통일을 못하시는 것이 아니기 때문이다.

"하나님! 하나님의 뜻대로, 한국과 북한을 원하시는 대로 이끌어 주세요."

우리의 갈망은 그것이었다. 그리고 하나님만 사랑하는 청년으로 거듭나는 것. 이것이 내게 주신 북한을 향한 하나님의 마음이었다.

예수님으로 충분한 아이들

×   "너희는 비록 엄마 아빠가 없는 고아지만 예수님으로 충분하다."

중국에는 휴일이 많다. 특히 노동절 기간에는 공식적으로 사흘을 쉰다. 가만히 앉아 하나님께 물었다.

"하나님, 이 기간에 뭐할까요? 놀러 가고 싶지만, 이 시간 하나님과 더 함께할게요. 아, 이번에 동북(東北, 북한과 인접한 랴오닝, 지린, 헤이룽의 동북 3성을 가리킴)을 가면 어떨까요?"

혼잣말로 하나님께 중얼거렸다. 하나도 빠뜨리지 않고 들으시는 주님. 나는 흘려 말했지만 그분은 흘려듣지 않으셨다. 주은이와 밥을 먹는 중, 갑자기 주은이가 먼저 "언니, 저 동북 가고 싶어요"라고 말하는 게 아닌가. 주님의 사인이라고 확신한 나는 그 자리에서 함께 가기로 결정해 버렸다. 이렇게 의기투합한 두 자매는 이미 동북에 마음을 빼앗긴 채 행복한 준비 기간을 보냈다. 그리고 또 '용감한 자매들'인 미래, 은지와 함께…. 우리는 노동절 기간에 동북에 있는 탈북 고아들을 만나러 떠났다.

이 만남을 준비하면서 굉장히 기뻤다. 준비 모임 중 기도할 때면 마음이 평안해지며 하나님께서 기뻐하신다는 강렬한 마음이 들었다. 기차 안에서 찬양을 하며, 가는 길을 지켜 주시는 하나님을 묵상했다. 열 시간에 걸쳐 기차를 타고 새벽에야 도착했다. 우리를 마중 나오신 전도사님을 만나 아이들이 있는 곳으로 향했다. 아이들은 자고 있었다. 우리는 도착하자마자 감사 기도를 드렸다.

'하나님, 감사합니다. 이곳으로 인도해 주셔서 감사합니다.'

그때 마음 가운데 들려오는 울림이 있었다.

'하나도 빠뜨리지 말고 똑똑히 보아라. 이곳에 누가 살고 있고,

이 아이들이 어떻게 살아가고 있는지. 내가 이들을 어떻게 키우고 있는지. 돌아가서 본 대로 들은 대로 전하라.'

그러한 마음이 강하게 밀려왔다. 순간 무서웠다. 갑자기 하나님이 낯설게 느껴졌다. 지금까지와는 다른 하나님의 마음에 약간 놀라긴 했지만, 이곳에서 지내는 시간 동안 더욱 비장한 마음을 품고 지낼 수 있게 되었다.

한숨 눈을 붙이고 일어나기도 전에 우리 방으로 아이들이 찾아왔다. 문을 빼꼼히 열면서 아이들이 저희끼리 중얼거렸다.

"누구지? 선생님이래?"

그렇게 아이들은 호기심 반 애정 반의 관심으로 우리에게 마음을 열고 다가왔다. 우리는 아이들과 함께 사흘을 지내면서 뒹굴고 놀고 피아노 치고 게임하며 지냈다. 몇 분의 탈북 자매님들을 만나 이야기를 나누기도 했다. 이 아이들과 자매님들의 삶을 보면서 한편으로는 굉장히 맘이 아팠지만, 한편으로는 하나님의 군사들이 이곳에서 길러지고 있음을 확인할 수 있었다.

하루는 수요일 저녁, 아이들과 전도사님 그리고 탈북 자매님들이 한자리에 모여 함께 예배를 드렸다. 찬양을 한 뒤 전도사님이 전하는 말씀을 들었다. 말씀 중에 가슴에 와 닿은 한 대목이 있었다.

"你们虽然孤儿,没有爸爸和妈妈,可是耶稣就够了." 너희는 비록 엄마 아빠가 없는 고아지만 예수님으로 충분하다.

초등학생, 중학생인 북한 고아들에게 들려준 말씀이었다. 아이들은 그 말씀을 전적으로 받아들였다. 아무것도 아닌 것처럼. 그것이 당연하다는 것처럼. 왜 새삼스럽게 그런 말을 하냐는 듯 태연하게 따라 했다. 만약 내가 그런 말을 들었다면 어땠을까?

멀고 먼 외딴 곳. 누구 하나 찾아오지 않는 이곳에서 하나님은 은밀하게 이 아이들을 키우고 계셨다. 아이들을 돌보시는 전도사님께서 이야기해 주셨다.

"사람들은 누구나 귀소본능이 있습니다. 이 아이들은 북한의 문이 열리면 엄마 손을 잡고 북한으로 들어갈 아이들입니다. 이 아이들이 들어갈 때 한 손에는 성경을 한 손에는 기술을 들고 들어가 북한을 재건할 것입니다."

전율이 밀려왔다. 세상에 버려진 외로운 아이들, 부모님 없이 외로움에 떨고 있는 아이들이지만, 이 아이들의 눈과 가슴속에는 예수님이 계셨다. 그리고 이 땅에서 우리의 아이들이 자라고 있었다. 한국말은 한마디도 하지 못하며, 표면적으로 같은 민족이라고 말할 수도 없는 그 아이들…. 이곳에 민족의 비극과 희망이 동시에 존재하고 있었다. 두려움과 불안 속에 그날만을 기다리며, 이곳에서 하나님의 군사들이 자라나고 있음을 목도했다. 짧은 2박 3일간의 만남이었지만 우리 모두에게 잊을 수 없는 시간으로 남았다. 돌아올 즈음 우리 마음 한 구석에는 징표처럼 도장이 찍혀 있었다.

회개의 눈물이 터지다   동북을 다녀온 후

어김없이 목요 기도회를 드리러 교회로 향했다. 마침 교회에서 다른 일을 하고 계시던 집사님 한 분이 청년들이 하나둘 모여 기도하는 모습을 목격하게 되었다. 우리는 여전히 성령님의 인도하심을 구하며 그분의 임재를 구하는 기도를 하고 있었다. 집사님은 일을 다 마친 후 집으로 돌아가셨는데, 그로부터 얼마 후 우리에게 이런 이야기를 하셨다.

"너희 청년들의 기도를 들으며 난 눈물로 회개할 수밖에 없었다. 지금까지 나는 여기서 무엇을 하고 있었던 것인가. 나의 삶의 어려움, 힘든 상황 속에서 나의 문제만 바라보고 기도하던 나약함을 회개하게 되었어. 나라를 위해 민족을 위해 북한을 위해 중국을 위해 순수한 마음으로 기도하는 너희의 모습에 회개하게 되었다. 그리고 이 디아스포라의 삶이 무엇인지가 내 마음에 깊이 다가왔어."

감동적인 고백이었다.

아웃리치를 다녀온 후 다른 집사님께 보고를 드렸는데, 집사님께서는 우리의 보고를 듣고 난 후 이런 기도문을 써주셨다.

"지금도 곳곳에서 하나님의 군사들이 놀라운 인도하심 가운데 길러지고 훈련되고 있음을 믿습니다. 그날에 사용되기 위해, 그 꿈들을 위해 기도합니다. 그리고 우리 청년들이 또한 준비되기를 소원합니다. 목요 기도회를 축복합니다. 왜 북한을 위해 기도해야 하는지 그리고 왜 중국에 유학 와서 공부하는 특권을 주셨는지, 말씀으

로 기도하는 중에 다른 사람의 입을 통해 자연을 통해 환경을 통해
이 모든 것들을 통해 뜻을 정하고 세우게 해주세요. 열정이 있습니
다. 간절함이 있습니다. 이들을 잘 이끌고 기도할 목회자를 세워 주
십시오.”

　이 집사님은 중국에 처음 오셨을 때부터 이곳에서 공부하고 있
는 청년들이 북한을 바라보며 통일 시대의 주역이 되기를 기도해
오신 분이셨다. 우리도 이 기도회를 하기 전까지는 몰랐는데, 그전
부터 이미 예비하시고 기도를 시키신 것이었다.

　그리고 함께 기도해 주시던 목사님이 계셨는데, 그분께서도 기
도회 때 받은 말씀이라고 하시면서 기도 내용을 나눠 주셨다.

　“복음의 시작은 아무도 눈여겨보지 않던 갈릴리 해변의 네 사람

으로부터 일어났다. 열두 명 마가의 다락방에서 백이십 명으로 널리 퍼져 예루살렘과 유다와 사마리아와 땅 끝까지 복음이 전해졌다. 너희도 내가 그렇게 불렀다. 권능이 임할 때까지 나를 찾으라."

기도회의 방향이 무엇인가요?   적지 않은 사람들이 물었다. 기도회의 방향과 목적에 대해서 말이다. 어떤 목표를 갖고 모이는지에 대한 사람들의 질문이 많이 있었다. 마음이 답답해졌다. 나 또한 '이 기도회는 무슨 목적을 이루기 위함이지? 이 기도회를 어떻게 이끌어 가야 하지? 왜 하는 거지?' 등등 혼란과 어려움이 가중되었었다. 그리고 청년들이 한창 많이 모일 그 시점에 좋지 않은 일이 생겼다. 기도회에 참석하던 청년들이 교회 사정으로 인해 나올 수 없게 된 것이다. 이에 따라 기도회를 어떻게 이끌어 가야 할지 갈피를 잡지 못하는 난관에 부딪히게 되었다. 기도회를 진행하기가 어려워지면서 나에게도 영적 침체가 찾아왔다. 이처럼 어려운 상황 중에 기도할 때 주님의 세미한 음성이 들려왔다.

'아름아, 네가 구하는 것이 무엇이니? 네가 원하는 것은 무엇이니? 내가 바라는 건 북한도 아니고, 중국도 아니야. 단지 난 너와 함께 사랑하고 싶단다. 너와 함께하고 싶구나…'

주님의 따스한 음성이 마음 가운데 들려왔다. 북한을 향한 마음을 품고 달려오긴 했지만, 이 기도회는 단지 하나님 한 분만을 구하는 모임이었다. 하나님께서 기도하게 하시는 것, 성령님께서 운행해 가시는 것, 하나님의 눈물이 있기에 애통하는 마음으로 기도했던 것. 이것이 이 기도회의 방향이자 목표였다.

어떤 사람은 말한다. 기도회의 리더가 있어야 한다고, 기도회의 지도자가 있어야 한다고. 하지만 내 마음은 달랐다. 우리 각자의 마음 안에 성령님이 계시는데, 그 성령님께서 말할 수 없는 탄식으로 중보하고 계시며 우리 가운데 기도할 제목들을 알려 주시는데 무엇이 걱정인가. 성령님만 믿고 갈 때 기도회가 추구해야 할 제대로 된 방향이 나오는 것 아닌가. 난 믿었다. 하나님을 믿었다. 하나님께서 이 모임의 주인으로 운행해 가시길 믿었다.

곳곳에서 청년들의 고백 소리가 들렸다.

"중국인을 사랑하지 않은 것을 용서해 주세요."

"세상의 욕심을 따라 살았습니다. 용서해 주세요."

"북경의 청년들을 돌보지 않은 것을 용서해 주세요."

"가난한 자 외로운 자 우는 자들을 외면했음을 용서해 주세요."

"주님, 빨리 오세요. 주님의 얼굴을 보고 싶습니다."

"우리가 주님께로 돌아가겠습니다."

곳곳에서 하나님의 신음 소리가 우리 입술을 통해 흘러나왔다. 우리가 하나님을 신뢰할 때 그분이 직접 일하셨다.

시간이 지나 함께했던 대부분의 청년들이 학기를 마치고 한국, 미국, 군대로 떠났다. 이 기도 모임이 어떤 거대한 운동이 되기를 원하거나, 세상 가운데 커다란 영향력을 끼치기를 바란 적 없었다. 단지 유일하게 소망한 것은 우리가 어느 곳에 있든 부르신 그 자리에서 하나님의 얼굴을 구하는 한 사람으로 서 있는 것, 바로 그것이 주님께서 우리에게 원하신 것이었음을 알고 그 땅 가운데 서 있기를 희망해 왔다.

새로운 비전, 새로운 생각　　　　　　　　많은 사람들은 말한다. 지금의 청소년, 그들이 바로 통일을 이루고 통일을 볼 세대라고. 하지만 우리에게 통일이 다가와 있는가?

"没有。" 아니다.

통일을 말하고 북한을 말할 때 사람들의 눈빛이 변한다.

"쟤 왜 저래? 왜 난리야?"

"나 살기도 바빠 죽겠는데 통일은 무슨…."

내가 만난 청년들 중 이렇게 생각하는 사람들이 많이 있었다. 위기라고 생각했다. 과연 우리가 통일을 이룰 수 있을까? 이렇게 고민하는 시간을 보낸 끝에 북한을 향해 기도하면서 느낀 것과 받은 마음들이 있다. 아는가? 북경에 머무는 한국인 유학생이 2만 5천 명이라는 사실 말이다. 북경이 학비가 싸고, 유학 붐이 일어서 이렇게 많은 청년들이 북경에서 공부하고 있을까? 다시 한 번 생각해 볼 일이었다.

갑자기 한국에 중국 유학 붐이 일었다. 그뿐만 아니라 중국에서 태어나고 성장한 아이들이 많아져서 그런지 북경에 있는 대학들과 고등학교, 중학교에는 조선족 담당 선생님들이 반드시 한 분씩은 계신다. 북경의 '코리아타운'이라는 오도구 지역에는 한국 마트만 세 곳이 있고, 거리에는 한글로 된 간판이 심심찮게 눈에 띄며, 한국어로 번역된 운전면허 시험지가 따로 있을 정도다. 중국어를 몰라도 한국인이 북경에서 불편 없이 살 수 있는 환경이 조성되어 있다. 하지만 단지 그 이유뿐일까? 도대체 왜 이토록 많은 청년들이 북경에서 중국의 학문을 공부하고 있을까.

중국 최고의 대학이라는 곳에서 중국인들과 함께 경쟁하며 중국의 학문을 배우고 있는 유학생들. 단지 이들이 환경을 좇아 이곳에 왔을까? 난 그렇게 생각하지 않는다. 하나님께서 이들을 북경에서 공부하게 하신 것이다. 하나님께서는 요셉을 성장시키기 위해 그를 애굽으로 보내셨다. 그를 감옥에 보내셔서 애굽의 정치, 사회, 경제, 문화를 배우게 하셨다. 모세를 성장시키기 위해 왕궁으로 보냈다. 다니엘을 성장시키기 위해 바벨론으로 보내 그 나라의 언어와 문화를 배우게 하셨다. 이처럼 중국에 유학 온 이들 또한 하나님께서 보낸 것이다. 중국의 언어와 학문을 배우도록 중국 열풍을 일으켜 주심으로 수많은 청년, 청소년들이 중국으로 향하도록 하셨다. 이 시대의 요셉, 모세, 다니엘을 키우시기 위해서다.

나는 믿는다. 이들이 통일 한국의 다리 역할을 할 친구들이라고. 한국인으로서 중국의 전문가로 자라나 각 영역에서 통일 후 국가 간의 어려움을 해결할 한 사람으로 자라날 것을 확신한다. 그것이야말로 하나님께서 이들을 이곳으로 보낸 이유일 것이다. 그렇기 때문에 나는 북경의 청년들이 정체성을 새롭게 다져야 한다고 생각했다. 이것이 기도회를 통해 하나님이 내게 부어 주신 마음이었다. 이들을 키우는 것, 이들을 세우는 것, 이들이 하나님 안에서 시대적 소명을 발견하고 정체성을 새롭게 하는 것이 기도회 가운데 받은 비전이었다.

하지만 현실을 보면 막막함뿐이다. 취업이 쉽지 않은 한국 상황 가운데 중국 유학생 출신의 특수성을 갖고 적응하는 것이 쉽지 않기 때문이다. 중국 또한 한국 사람들이 많기 때문에, 중국인들과 어울리는 것이 쉽지 않다. 그러다 보면 4년간 중국에서 공부했음에도 중국어 구사가 제대로 되지 않는 어정쩡한 상황이 될 때가 있다. 중국에서 공부하는 이유를 찾지 못해 방황하는 청년들이 많이 있기 때문이다. 하나님께서 각자에게 주시는 비전이 다 다르지만, 중국으로 보내신 이유와 그 뜻을 구하다 보면 이 시대와 민족을 향한 그분의 뜻을 깨달을 수 있을 것이다.

내게 주셨던 통일을 향한 하나님의 꿈이 무엇일까 생각해 보았다. 대학 졸업 후 나를 북경으로 보내어 그 땅에서 살게 하시고 공부하게 하신 주님의 뜻을 헤아려 본 것이다. 가급적 피하고 싶었던 석사 과정을 밟게 하시며 생활할 수 있을 만큼의 돈을 벌 수 있도록 북경에서 일하게 하셨던 주님의 이끄심 가운데, 하나님께서 내게 주신 한 가지 메시지는 'see-it'(그것을 보라)이었다.

중국을 보게 하신 것, 북경을 보게 하신 것, 북한을 보게 하신 것, 대한민국을 보게 하신 것, 그리고 마지막으로 통일 한국을 보게 하신 것. 앞으로 어떤 모습으로 어느 자리에 서게 될지 모르지만 하나님이 나로 하여금 품게 하신 이 마음으로 어느 곳에서나 하나님과 함께하는 삶, 하나님의 얼굴을 구하는 삶을 살도록 인도하신 것이라 믿는다.

하나님께서 각 사람을 중국으로 앞서 보내신 분명한 이유가 있을 것이다. 수많은 분야 가운데 중국어를 공부하게 하신 이유, 학문을 닦게 하신 이유가 반드시 숨어 있을 것이다. 하지만 하나님 안에

서 그 이유가 찾아지지 않는다면 결국 자신의 뜻을 따라 사는 삶이
될 것이다.

곧 새로운 비전, 새로운 생각이라는 것은 명백하게 두 가지다.
하나님의 마음으로 'see-it' 하는 것과 하나님의 얼굴을 구하는 삶.
이 두 가지 안에서 청년들이 하나님께서 주신 꿈을 붙잡고 푯대를
향하여 달음질하기를 원한다. 그의 나라와 그의 의를 구하며 나아
갈 때 통일이 좀더 가까이 오지 않을까 생각해 본다.

'Grace' 저의 영어 이름이죠. 저는 미국 LA에서 태어난 교포 2세예요. 풀러턴대학(California State University of Fullerton) 졸업을 앞둔 대학생이랍니다. 교육학을 전공한 저는 아이들을 하나님의 말씀과 복음으로 가르치는 교육 관련 선교를 꿈꾸고 있어요. 훗날 고아들을 위해 학교를 짓고 싶습니다. 다른 대학생들처럼 다양한 언어 배우기, 커피 마시기, 친구들과의 여행을 즐기는 쾌활한 사람이지만, 북한의 현실과 남북통일 문제에 대해 고민하고 슬퍼하는 따뜻한 심장의 소유자이기도 해요. 현재 북한과 통일을 위한 기도 모임을 만들어 중보하고 있지요. 먼 미국 땅에서 남한 땅과 북한 땅이 재결합하여 온전히 하나 되기를 교포 친구들과 함께 간절히 소망하고 있답니다. *^^*

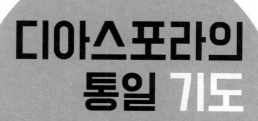

디아스포라의 통일 기도

LA 청년들의 한반도를 향한 기도의 불꽃

이 글의 영어 원문은 192~224페이지에 담았습니다.

나주은

한국인·미국인으로의
정체성

북한을 향한 내 어머니의 눈물   뚝뚝뚝…. 흐르고
흐르고, 또 하염없이 흘러내리는 눈물…. 난 이와 같은 광경을 이전
에 본 적이 없었다. 엄마가 울고 계셨다. 절대 눈물을 흘리지 않으시
던 우리 엄마. 그날 엄마는 로버트 박 선교사의 북한 억류 사건으로
인해 눈물로 하나님께 부르짖었다.

    북한? 난 북한에 대해서는 그다지 아는 것이 없었다. 왜 엄마는
북한이라는 나라로 인해 저렇게도 아파하시는 걸까? 엄마는 기도
모임을 인도하고 계셨고, 모든 회중이 지켜보는 가운데 본인 스스로
를 가누지 못할 정도로 눈물을 흘리며 무너져 내리기 시작했다. 그
리고 열렬하고 힘 있게, 불처럼 뜨겁게 북한을 위한 기도를 계속 이

어 나가셨다.

"오, 주님! 저는 당신께서 이 나라를 사랑하심을 압니다. 긍휼을 베푸소서. 지하 교회 성도들을 지켜 주소서."

나는 이날의 광경을 지금도 선명하게 기억하고 있다.

엄마의 평생의 꿈과 열정은 선교사가 되는 것이었다. 선교의 비전을 품고 총신대학교를 졸업하셨으며, 동기들과 함께 열방 선교를 위한 여러 세미나에도 참석하셨다. 그리고 그분들은 졸업 후에 각각 비전을 따라 해외 선교를 향해 걸음을 내디뎠다. 하지만 엄마만은 예외였다. 평신도 남편 그리고 다른 여러 상황들로 인해, 엄마의 열정과 마음 깊은 곳 갈망을 가슴속 어딘가에 넣어 두신 거다. 그리고 복음을 들고 열방을 다니는 대신 골방에서 무릎으로 기도의 여정을 걸어가셨다.

북한을 향한 엄마의 기도는 바로 그날 내게로 옮겨 와 나의 가슴에 불꽃을 일으켰다. 나는 그 당시에 열다섯 살, 고등학교 2학년이었다. 어떤 목적이나 기쁨 없이 살았던, 그저 무지한 10대에 불과했다. 그러나 그런 나를 예수님은 친히 만나 주셨으며 내 마음의 눈을 열어 주시고 나의 비전을 바꿔 놓으셨다. 아! 주님은 나를 그분의 스릴 넘치는 여정으로 데려가기 시작하셨다.

고등학교에서 일어난 부흥 기독 학생이라면

누구나 미래를 이끌어 가는 리더이다. 우리는 위대한 부르심을 지니고 있다. 학문을 통해 지식과 재능을 겸비하며, 기도를 통해 주님의 일에 동역하도록 부르심을 받았다. 우리는 주님의 아들딸들이기에 아버지의 이름을 높이기 위해 신성하고 특별한 부르심을 따라가며 순종해야 한다.

내가 구원받았을 때 주님은 나의 중심의 갈망을 변화시키기 시작하셨고, 그분의 나라를 위해 꿈꾸는 것이 얼마나 흥분되는 일인지를 알려 주셨다. 하나님은 우리 삶의 여정 가운데 작은 퍼즐 조각들을 주신다. 그리고 그 조각들은 언젠가 하나님의 손 안에서 다 맞추어져 하나의 큰 그림을 완성하게 될 것이다.

고등학생 시절, 나는 주님으로부터 몇 가지 퍼즐 조각들을 받았다. 그중 하나는 나의 두 친구들과 함께 고등학교 마지막 학년에 시작했던 기도 모임이었다. 주님은 우리 셋 각각에게 캠퍼스 가운데 일어날 부흥에 대한 비전을 부어 주셨다. 우리는 서로가 주님으로부터 받은 마음에 놀랐으며, 이것이 결코 우연이 아니라는 사실을 알게 되었다. 우리는 캠퍼스에 부흥이 임하도록 모여서 기도하기 시작했다. 우리와 같은 마음을 품은 다른 학생들도 기도 모임에 참여하였으며, 하나님의 뜻에 순종하기로 결단했다. 우리는 캠퍼스의 잃어버린 영혼들이 하나님께 돌아오도록 간구했다. 점심시간에는 캠퍼스 구석구석을 다니며 전도를 했고, 놀라운 일들을 경험하기 시작했다. 학생들뿐 아니라 학부모들까지도 우리의 캠퍼스 부흥에 대한 꿈을 품기 시작한 것이다. 아아…. 주님의 날개 아래에서 한마음으로 기도하는 것이 얼마나 커다란 잠재력과 영향력을 갖는가. 기도의 불은 캠퍼스 가운데 점점 더 번져 갔다. 하나님께서는 기도의 권능이 얼마나 놀라운지 보여 주셨고, 기도와 부흥이 어떻게 직접 연결되는지를 깨닫게 하셨다.

부흥은 단순히 예수님을 향한 어떤 열심과 열정이 아니다. 죄로부터 돌이키고 회개함으로 죄의 자리를 떠나려는 마음의 중심이 하나님을 기쁘시게 하여, 하나님께서 하늘로부터 타오르는 불꽃을 이 땅에 점화시키시는 것이다. 깨어진 마음으로 무릎을 꿇고 하나님의 얼굴을 구하며 나아갈 때, 우리는 우리 안에 세워져 있던 온갖 우상들이 무너지는 것을 경험했다. 그뿐만 아니라 많은 학생들이 육체적인 치유와 더불어 영적인 회복을 맛보게 되었다. 그리고 무엇보다 값진 것은 바로 우리가 영혼들을 진정으로 사랑하게 된 것이었다.

✕   내게 구하라 내가 이방 나라를 네 유업으로 주리니 네 소유가 땅 끝까지 이르리로다(시 2:8).

북한과 같이 깨어진 나라를 위해 하나님께 구하기 전에, 나는 내 곁에 있는 친구들과 함께 작은 일부터 시작하고 싶었다. 예수님의 제자는 열방을 변화시키고 제자 삼는 것에 삶을 드릴 사명을 지니고 있다. 그러나 만약 자신이 속한 캠퍼스조차 사랑하지 않는다면, 어떻게 한 나라와 민족을 품고 사랑할 수 있을까? 하나님께서는 다양한 방법으로 하나님의 사람들을 준비시켜 이 세대 가운데 믿음의 강력한 군대로 세우길 원하신다. 그러나 나는 그 어떤 것보다 '기도'가 가장 중요하다고 믿는다. 기도를 통해 그분의 뜻을 따라 인도받을 수 있기 때문이다.

하나님은 우리와 동역하기를 갈망하신다. 그리고 그것은 기도를 통해 그분과 친밀하게 연결되어야만 가능하다. 하나님은 북한을 향한 강력한 기도의 부르심으로 나를 깨우셨다. *북한은 필사적으로 많은 기도를 필요로 한다. 하나님께서는 과거에도 그러하셨고 지금도 기도하는 사람을 온 땅의 사방에서 불러일으키고 계신다.* 우리가 섬기는 하나님은 얼마나 권능이 많고 위엄이 있으신가. 하나님은 그분의 마음을 따라 기도하는 자들을 통해 그분의 일을 행하신다. 그분을 통해, 모든 것이 가능하다!

미국에서 내가 받은 유산을 지켜 내는 일

나는 1993년 5월 11일 미국 캘리포니아 LA에서 태어났다. 내가 엄마 배 속에 8개월째 있었을 즈음, 부모님은 미국으로 이민을 오셨다. 미국이 '아메리칸 드림'을 실현할 수 있는 살기 좋은 곳이라는 이야기를 친척들과 지인들로부터 들으신 거다. 영어가 서툰 부모님은 특별한 기술도 없는 상태에서 부푼 꿈을 안고 낯선 이국땅으로 삶의 터전을 옮기셨다.

시작은 정말 어려웠다. 우리 가족이 겪었던 어려움은 이 지역에서는 아주 흔한 것이었다. 그저 날마다 먹을 양식이 있고, 편하게 잠을 잘 공간이 있다는 것만으로도 감사했다. LA는 미국 내에서 한국인이 가장 많이 모여 사는 허브 중 하나다. 나와 내 친구들 대부분은 한국인 조상으로부터 온 1.5세대 미국인들이다. 미국은 중국에 이어 가장 많은 한국인이 살고 있는 나라다. 우리는 이를 '한국인 디아스포라'라고 부른다. 하나님께서는 왜 한국인들을, 마치 그가 사랑하시는 유대인들을 흩으셨던 것처럼 온 세계에 흩으셨을까? 분명히 어떤 이유가 있으리라 생각한다. 그것은 모든 세대와 모든 열방을 한눈에 통찰하시는 하나님의 깊은 경륜의 한 부분이리라.

이곳 미국이라 불리는 자유의 땅에서 나는 시민권과 더불어 탁월한 무상 교육 등 많은 특권과 유익을 누릴 수 있게 되었다. 하지만 그 이면에 모국에 대한 애정, 언어와 전통을 잃기 쉬운 환경이라는 단점이 있음을 부인할 수 없다. 이곳의 청년들이 한국인으로서의 정체성을 잃어버리며, 점점 더 미국에 많은 애정을 갖게 되는 것은 자연스러운 일이다. 물론 매주 토요일이면 자녀들을 한국어 스쿨에 보냄으로 그들이 모국어를 잊지 않도록 최선을 다하는 한국인 부모들도 있다. 그러나 여러 가지 여건으로 그렇지 못한 경우도 허다하다.

감사하게도 나의 부모님은 남동생과 나에게 전통 한국 음식을 먹이시고 한국어를 가르치시며 한국인으로서의 정체성을 심어 주기 위해 애쓰셨다. 그렇지만 집 밖으로 나가면 나는 미국 사회와 문화에 동화되어야만 했다. 이것은 흥미로운 일인 동시에 견뎌 내야만 하는 혼란스러움이기도 했다. 집 안과 밖. 둘 사이의 언어와 문화적인 장벽들로 인해, 나는 두 세상을 하나로 통합하는 법을 배워야 했다. 한국인의 뿌리를 견고히 하려는 노력과 미국적인 가치를 존중하는 것. 그 두 가지를 동시에 말이다.

북한에 대한 인식

이러한 이유 때문인지 북한이 멀고도 가깝게 느껴졌다. 지리적으로 먼 곳에 위치하고 있으며 사회적 분위기나 체제가 매우 다르지만, 하나의 민족이라는 동질성으로 인해 실제로는 아주 가까운 나라로 여겨지기 시작했다. 북한 주민들…. 그들과 나는 모두 한국인이다.

북한을 향한 내 마음은 더욱 커져만 갔다. 나의 동족이 극심한 가뭄과 독재 정권의 억압 가운데 엄청난 시련을 겪어 왔다는 사실이 믿기지 않았다. 나는 자유를 누렸지만 북한인들에게는 그 자유가 없는 것이다. 부끄럽게도 'LINK'라는 단체를 만나기 전까지 나는 북한의 실상에 대해 얼마나 무지했는지 모른다. (LINK는 북미에 베이스를 둔 단체이며, 북한 주민 인권을 위한 모금 활동을 하는 등 경각심을 불러일으키는 운동을 통해 북한 피난민들을 돕고 있는 일을 하고 있다.)

어느 날 LINK에서 스텝으로 섬기는 몇 분이 우리 교회를 방문하여 영화 상영을 하였다. 배우 차인표가 출연한 〈크로싱〉이라는 이 영화는 아버지와 아들의 가슴 시린 이야기를 담고 있었다. 죽어 가는 아내를 살리려고, 약을 구하기 위해 황무지와 같은 북한 땅에서 혼자 탈출하여 중국으로 건너간 한 남자. 천신만고 끝에 대한민국으로 입국하게 된 그가 북한에 있는 아들을 데려오고자 처절하게 몸부림 치는 스토리였다. 처참한 북한 실상의 심각성을 영화를 통해 느낄 수 있었다.

'어떻게 이런 일이 일어날 수 있지? 이런 나라가 정말 있는 걸까? 왜 난 그동안 이러한 사실을 모른 채 살아왔을까?'

스스로에게 많은 질문을 던졌다. 나의 동족인 북한 주민들이 처한 고통 때문에 마음이 많이 아파 왔다. 〈크로싱〉이라는 영화는 그렇게 내 마음속에 오래도록 찡한 여운을 남겼다. 영화를 처음 보았을 때 느꼈던 그 감정과 충격이 아직까지도 지워지지 않는다.

주님의 타이밍 가운데

주님을 향한 가난한 마음과 갈망이 점점 더해 가던 나의 고등학교 시절, 주님은 전 세계 영혼들을 향한 당신의 마음을 조금씩 내게 보여 주시기 시작했다. 고등학교 3학년 때, 한국의 청년 부흥을 도전하시는 어느 목사님의 설교 영상을 보게 되었다. 메시지를 들으며 내 속에 한국을 향한 열정이 타오르는 것을 느꼈다. '하나님께서 내게 한국에서 공부할 수 있는 문을 열어 주시지 않을까? 혹시 그분이 나를 외교관으로 세우시려나?' 하는 생각이 들기도 했다.

그래서 한국에 있는 대학교에 입학 지원을 하게 되었다. 그것이 하나님의 뜻이라고 확신했기 때문이다. 의심할 여지조차 없이 굳게 믿었다. 그렇지만 내 예상은 빗나갔다. 하나님께서는 내 생각과는 다른 계획을 가지고 계셨다. 한국으로 가고자 했던 대학의 문이 열리지 않았고, 연이어 터지는 복잡한 상황들로 인해 결국 한국에 있는 대학에 입학하지 못하게 된 것이다. 마음이 너무 아팠다.

'한국에 가서 공부하는 것이 한국을 가장 잘 배울 수 있는 최상의 방법이 아니란 말인가? 그게 북한과 가장 밀접하게 연결될 수 있는 방법이 아니라는 건가?'

하나님께 실망이 되고 화가 났다.

'어떻게 나에게 이러실 수 있지?'

하나님 나라를 위해, 북한 땅을 위해, 북한과 제일 가까운 한국으로 나를 보내어 준비시키실 것을 기대했던 나의 마음이 무너져 내렸다. 모든 것이 정지된 듯했고, 모든 길이 막힌 것처럼 보였다. 결국 나는 내 생각을 다 내려놓고 그분의 인도하심을 기다렸다.

입학 원서를 접수하는 절차를 밟고 있을 때였다. 침대에 누워 기도하며 하나님과 시간을 보내고 있었는데, 눈앞에 커다란 그림이 떠올랐다. 중국 땅에 대한 환상이었다. 순간, 나도 모르게 큰 소리로 웃었다. 그리고 이렇게 말했다.

"하나님, 정말 재밌으시네요. 저는 한국에 가고 싶은데, 왜 뜬금없이 중국이 눈앞에 떠오를까요?"

난 대수롭지 않게 여기며 웃음으로 넘겼다. 그렇게 머릿속 한구석에 넣어 둔 그 중국 땅의 환상을 몇 달 후에야 다시 꺼내 묵상하게 될 줄을 그때는 몰랐다.

한국에 가기 어려운 상황을 인지하고 난 후 나의 열정, 욕망, 꿈 그 모든 것을 주님께 드려야 했다. 그런데 그제야 내가 보았던 중국의 환상이 하나님께서 보여 주신 것임을 깨닫게 되었다. 꿈은 내가 이루는 것이 아니다. 하나님께서 나를 통하여 당신의 꿈을 이루시는 것이다. 그러므로 하나님께서 우리에게 소망과 비전을 주시면, 우리의 방식과 타이밍이 아닌 그분의 방법과 타이밍에 맞추어 순종하며 나아가야 하는 것이다.

중국으로 방향을 바꾸시다! 대학교 재학 1학년 때쯤, 언어에 대한 흥미가 컸던 나는 중국어에 관심을 갖게 되었다. 그때 나는 몇 달 전 받았던 중국 땅의 환상이 자꾸만 떠올라 본격적으로 기도하기 시작했다. 하나님께서 나에게 왜 중국을 보여 주시는 걸까? 그때는 몰랐다. 그렇지만 역시 우리 하나님은 참 재미

있는 분이시다. 당시 나는 중국과 북한과의 유기적인 관계를 전혀 몰랐었다. 그러나 중국이야말로 북한을 배울 수 있는 최고의 루트라는 것을 나중에야 알게 되었다.

나는 중국 청화대(清華大) 교환학생으로 나가기 위해 준비하기로 마음먹었다. 그런데 갑자기 모든 상황이 소용돌이치기 시작했다. 온 세상이 나의 적이 된 것처럼 어려운 일들이 계속 일어났다.

'중국에 가는 것이 정말 맞는 걸까?'

다시 의심과 걱정이 고개를 들었다. 그 시기 엄마가 뇌졸중으로 쓰러지신 것이다. 무엇보다도 교환학생으로 1년간 중국에서 머물며 공부할 수 있는 재정적 여건이 마련되지 않았다. 때마침 당시 내가 다니던 교회 또한 힘든 시기를 통과하고 있었다.

'아⋯. 난 미국을 떠날 수 없나 보다⋯.'

그렇지만 주님의 뜻이 이루어질 때는 방해도 따르기 마련이다. 사탄은 내가 중국에 가는 것을 원치 않았음이 분명했다! 감사하게도 많은 어려움 가운데 주님의 공급과 예비하심 그리고 돌파를 경험했다. 북경으로 공부하러 갈 수 있도록 장학금을 받게 된 것이다. 하나님은 참 좋으신 분이다. 51년간 중국을 섬긴 영국인 선교사 허드슨 테일러가 이런 말을 한 적이 있다.

×　　하나님의 방법으로 진행되는 하나님의 일은 주님의 예비하심과 공급이 그치지 않을 것이다.

북경에서 기도 운동이 일어나다! 　　　　　드디어 중국 땅을

밟게 되었다. 한국에서 온 나의 룸메이트를 통해 북경에 소재한 한

인 교회에 참석할 수 있었고, 많은 한국인 학생들을 만날 수 있었

다. 그들 중 몇몇은 북한의 상황에 대해 아주 잘 알고 있었고, 또 다

른 몇몇은 전혀 무관심한 모습을 보였다.

어느 날 밤, 아주 놀라운 일이 일어났다. 나를 포함한 네 명의 자

매들이 함께 모여 북한을 향한 마음을 나누게 되었다. 그중의 한 명

이 바로 방아름 자매(이 책의 공동 집필자)였다. 우리의 대화 가운데

뜨거운 불이 타오르는 것을 느꼈다. 우리는 북한을 위해서 우리 청

년 세대가 연합하여 기도할 필요가 있다는 것을 깨달았다. 그리하

여 한국에서 온 청년들과 재미교포 청년들이 함께하는 북한을 위

한 기도 모임이 중국의 심장 북경에서 일어나기 시작했다.

가장 기억에 남는 것은 찬양과 기도, 교제를 모두 한국어로 이

어 갔다는 점이다. 미국에 있을 때는 한국어를 사용할 일이 거의 없

었기에 나의 한국어 실력이 많이 서툴렀다. 그로 인해 많이 힘들었

고 좌절하기도 했다. 하지만 그곳에서 나는 우리 모국어가 얼마나

아름다운 언어인지에 대해 새삼 감탄했다. 하나의 마음과 하나의

언어로 세계 각지에서 모인 우리…. 북한을 품고 나누는 이 모임이

나는 참 좋았다.

미국을 떠나기 전 나는 중국에서 생활하게 될 아파트가 기도의

집으로 사용되길 기도했었다. 그리고 하나님은 그 기도에 참으로

신실하게 응답하셨다! 기도한 대로 첫 6개월 동안 우리는 나의 숙소인 자그마한 아파트에 모였다. 당시 우리가 모일 수 있는 유일한 공간이었다. 아! 얼마나 영광스럽고도 달콤한 시간이었는지…. 우리는 주님을 찬양하고 북한을 위해 중보하며, 북한에 대한 정보를 서로 공유하는 시간을 가졌다. 처음 시작할 때에는 일곱 명이 전부였다. 그렇지만 우리는 눈이 오나 비가 오나 더위가 기승을 부리나 굴하지 않고 매주 모여 우리의 형제인 북한을 위해 기도했다.

이 기도 모임이 한창 무르익어 가던 시기에 주님은 북경 기도 운동의 새로운 장을 열어 주셨다. 각기 다른 교회와 여러 대학에서 온 학생들이 이 기도 모임에 대한 소식을 듣고 우리와 함께 기도하기를 원했다. 그렇지만 많은 인원을 수용하기에는 우리가 사용하는 공간이 협소했다. 이때 주님께서는 한인 교회 건물을 우리의 기도 모임 장소로 사용하도록 통로를 열어 주셨다. 모이는 숫자가 스무 명으로 늘었고, 서른 명에 육박한 적도 있었다. 어떤 날은 성령님의 인도하심을 따라 몇 시간 동안 쉬지 않고 기도에 열중하기도 했다. 시간이 얼마나 흘렀는지 모를 정도였다.

우리는 주님의 얼굴을 구하며 그분과 더 깊은 친밀함 가운데 들어갔다. 우리나라의 죄악들에 대해 무릎 꿇고 회개했으며, 부흥이 임하기를 간절히 기도했다. 우리의 마음은 깨어졌고, 이내 주님이 주시는 기쁨이 흘러넘쳤다. 우리는 남한과 북한을 위해서 기도했을 뿐 아니라 미국을 위해서도 기도했다. 그리고 점차 온 열방을 위해 부르짖어 기도했다. 그렇게 하나님께서는 우리의 기도 지경을 크게 넓혀 주셨다.

미국으로의 귀환

흩어진 유대인들이 하만의 칙령 후 그들의 사람들을 위해 금식하고 기도했던 것처럼, 나는 한국 디아스포라가 우리의 북한과 남한 형제자매들을 위한 기도의 커다란 소명을 갖고 있다고 믿는다. 유대인들은 에스더가 왕비로 세워진 동안, 127개의 지방 도처로 흩어졌지만 그들은 자신의 국가 구원을 기도하기 위해 하나로 연합했다.

이와 유사하게 전 세계로 흩어진 한국인들은 북한을 주시하며 주님께 탄원해야 한다. 이것은 우리의 의무이고 소명이다.

"당신은 이러한 시대를 위해 태어났다."

이 말은 이스라엘 역사 가운데 아주 중요한 순간, 모르드개가 왕비 에스더에게 용감하게 선언했던 말(에 4:14 참조)이다. 에스더의 소명은 지금 북한과 남한의 바깥에서 살고 있는 한국인들의 소명과 동일하다.

한국인들은 전 세계에 흩어져 있다. 그들이 미국, 호주, 캐나다와 같은 영어권 나라에 있든 중국, 일본, 러시아 등의 나라에 있든 우리는 한국인으로서의 동질성을 갖고 있으며 하나의 목적을 위해 흩어졌다.

우리 한국인이 흩어진 이유 중 가장 중요한 것 하나는 통일이 되었을 때 전 세계에 흩어진 한국인들의 강한 믿음의 군대가 북한으로 향하도록 준비시키고 훈련시키기 위해서라고 믿는다. 그것이 교육, 사업, 의료를 통해서든지 엔터테인먼트를 통해서든지, 하나님은 여러 나라 가운데서 북한을 위해 부르짖어 기도하고 여러 영역에서 준비하는 자들을 일으키고 계신다. 그리고 그들의 기도를 주님은 분명히 들으시고 움직이실 것이다.

중국에서의 유학을 마치고 캘리포니아로 돌아왔을 때 나는 두 가지 중요한 사실을 깨달았다. 첫 번째로, 재미교포들 대부분은 북한에서 무슨 일이 발생하고 있는지에 대해 여전히 극도로 무지하며 신경조차 쓰지 않는다는 것이다. 두 번째로, 중보와 눈물로 북한을 품고 있는 사람들 역시 존재하고 있다는 사실이다.

나의 진심 어린 바람은 우리의 조국을 위한 중보자들이 이곳 LA, 가장 큰 한국인들의 중심지에 모이는 것이다. 남한과 북한…. 하나 된 우리의 조국을 꿈꾸며, 통일 한국을 이루기 위한 중보와 사랑의 헌신을 올려드리기 위하여.

비전   2013년 봄, 기도

모임을 통해 세 명의 자매를 만났고, 우리는 하나님이 사랑하시는 아이들을 만나기 위해 중국 동북 지방으로 향하는 기차에 몸을 실

었다. 한 선교사님을 통해 지하 교회에 거주하는 무국적의 고아들을 만나게 되었다. 그리고 그 아이들은 내 미래의 희망이자 삶의 비전이 되었다. 중국 남자와 강제 혼인한 북한 여성에게서 태어난 가여운 아이들. 부모에 의해 어떤 교육도 받지 못했으며, 마땅한 보호 시설에 맡겨지지도 못한 채 굶주림과 사랑의 결핍 속에 남겨진 아이들이 내 심장에 새겨졌다.

다음 날 아침, 우리가 함께 예배를 드리는 동안 옆에 앉아 있던 그 아이들은 우리의 무릎 위에 앉아 조용히 눈물을 흘리기 시작했다. 그 눈물 속에 예수님을 향한 그들의 순수한 사랑이 담겨 있음을 보았다. 그리고 그 작은 가슴속에 고통과 상처가 여전히 깊이 자리 잡고 있음을 느낄 수 있었다. 그 아이들이 겪은 고통은 실로 엄청난 것이다. 엄마들은 본국인 북한으로 강제 송환되었고, 폐결핵으로 죽거나 남한으로 도망쳤다. 아빠들은 그들을 학대하고 버렸다. 하지만 나는 이 아이들을 주님의 존귀한 자녀로 삼아 주신 것에 감사했다.

그 아이들이 겪고 있는 많은 결핍 가운데 내게는 무엇보다 '교육'의 결핍이 가장 눈에 띄었다. 그 아이들의 엄마들이 불법 거주자이기 때문에 적절하고 완전한 교육을 받는 것은 그들에게 어려운 일이었다. 목사님 말씀으로는 어떤 선교사님이 매주 토요일 그들에게 영어를 가르치기 위해(심지어 영어가 유창한 분도 아니다) 왕복 열두 시간 거리를 운전해서 다녀가신다고 했다.

그러한 상황을 전해 듣고 나니 내 마음이 아팠다. 왜냐하면 모든 아이들은 꿈을 꿀 수 있는 자유가 있기 때문이다. 그것이 오케스트라에서 첼로를 연주하는 것이든 기술자가 되는 것이든, 꿈을 갖는다는 건 우리에게 얼마나 소중한 일인가. 그들에게 꿈을 심어 주기 위해서는 분명 교육이 필요하다. 나는 그 아이들이 하나님 안에서 그들 각자의 꿈과 소명을 발견하고 이룰 수 있게 되기를 간절히 소망한다.

중국 여행을 통해 하나님께서 내 삶에 주신 사명을 명확히 보게 되었다. 나는 현재 대학에서 중국 동북 지방에 있는 고아들의 교사와 양육자가 되기 위하여 교육학과 중국어를 공부하는 중이다. 그 버려진 아이들에게 최고의 교육, 최고의 시설, 그리고 모든 것에 있어서 가장 좋은 것을 제공할 수 있는 학교를 짓고 싶다. 그들에게 희망을 심어 주고, 그들이 잘 자라나도록 우리 하늘 아버지의 사랑으로 보살피고 싶다.

이 세대를 향한 메시지   한국인 이주민

(디아스포라)의 대표로서, 나는 세계 전역에 흩어져 있는 모든 한국인들에게 우리의 모국, 남북한의 통일을 위해 함께 기도하며 꿈꾸자고 말하고 싶다. 나는 모든 한국인 디아스포라들이 삶 속에서 한국인으로서의 정신적·문화적 정체성을 갖기를 소망한다.

우리는 선한 일을 하도록 완전히 갖추어진 하나님의 자녀들이 며 같은 혈통을 지닌 한국인이다. 그리고 다시 한국으로 돌아가는 것에 부름을 받았든 그렇지 않든 우리의 뿌리인 모국을 위해 기도 하는 일을 계속해야만 한다. 극심한 고통과 고립 가운데 흩어졌던 유대인들은 그들이 거주하던 각각의 나라를 넘어 계속해서 빠르게 모여 왔으며, 하나님께서는 그들의 기도를 들으셨다. 이처럼 우리 또한 북한 동포들을 해방시키기 위해 세계를 넘어서 마음을 하나로 모아야 하며 주님께 탄원해야 한다. 우리가 한국인으로서 정체성을 정신적·문화적으로 견고히 확립할 때, 우리의 목적과 가야 할 길은 더욱 분명해지리라 믿는다.

이제 통일을 향해 한마음을 품은 세 친구의 이야기를 함께 나 누고자 한다.

다가올 통일을 향한 기도

북한을 향한 내 친구들의 마음을 소개해요!

 사라 서의 이야기

나는 스물세 살의 한국인-미국인이다. 캘리포니아에서 태어났고 그곳에서 자랐으며 지금은 한국에서 살고 있다. 나는 취업이나 대학 졸업 후의 진로를 위해 여기에 온 것이 아니다. 단지 나의 삶을 향한 하나님의 부르심을 온전히 발견하고자 이곳에 오게 되었다. 나는 통일 한국을 위한 하나님의 커다란 계획 가운데 내가 부분적으로 동참하고 있음을 인식하고 있었다.

2012년 봄. 나는 남한과 북한, 갈라진 한민족을 위해 기도하며 섬기라는 부르심으로 이곳 대한민국에 살도록 인도하신 하나님의 마음에 헌신하기로 결단했다. 그리고 그분께서 말씀하시기 전까지는 그 어떤 다른 곳에도 가지 않을 것이라고 다짐하였다.

처음 내가 한국 땅을 밟게 된 것은 2010년 여름, 연세대학교에서 공부하기 위해서였다. 그 당시 나의 신앙은 바닥에 가라앉은 상태였고, 주님을 의지하는 마음을 잊어 가고 있던 때였다. 그럼에도 주님께서는 그 당시 내 마음에 어떤 씨앗들을 심으셨던 것이다. 내 마음은 한국을 향하여 불타오르는 사랑을 느꼈다. 그리고 그 순간부터 하나의 나라가 왜 갈라지게 되었는지가 궁금해졌다.

왜 뉴스에서 본 것 말고는 북한에 대해서 들은 것이 거의 없었던 걸까? 나는 미국으로 돌아가 북한에 대해 다방면으로 조사하기 시작했다. 그러던 중 우연히 이에 대해 부모님과 이야기를 나누다가 아버지의 형제들이 모두 북한 출신이고, 전쟁 기간 동안에 남한으로 피난을 오게 되었다는 사실을 알게 되었다. 나의 가슴은 더욱 뜨거워졌다. 그냥 앉아 있기만 할 수 없었다.

무엇이든 행동을 취하고 싶었다. 그래서 '북한의 자유'라고 불리는 NGO 단체 'LINK'(Liberty in North Korea)에 참여했다. 그곳에서 오늘날의 북한 실상에 대해 확실한 정보와 지식을 얻었다. 또 1년 이상 탈북 정착민을 돕는 인턴으로 일했다. 내 가슴은 열정으로 가득했지만, 그럼에도 당시에는 무엇을 더 어떻게 해야 할지를 진정으로 알지 못했다. 나는 이것이 한국을 위해 나에게 주신 하나님의 마음이라는 사실을 깨닫지 못했다.

나의 연약한 믿음과 신앙이 다시 주님을 향하여 회복되기 시작할 즈음, 하나님께서는 한국으로 되돌아갈 수 있는 문을 여셨다. 2012년, 나는 다시 연세대학교로 돌아가 공부하게 되었다. 그전과 달리 내가 왜 그곳에서 공부해야 하는지에 대한 명확한 이유와 비전을 품은 채로 말이다.

한국에 있는 그 기간 동안, 하나님은 초자연적인 방법으로 나를 만나 주셨다. 그리고 나의 정체성과 삶의 목적을 깨닫게 하셨다. 나는 하나님 나라를 위한 큰 꿈을 꾸기 시작했으며, 하나님은 그런 나를 세밀하게 인도하셨다. 감사하게도 내 신앙이 성장할 수 있고, 또 내가 섬길 수 있는 건강한 교회를 만났다. 영적인 가족을 찾았던 내게 주님이 응답하신 것이다. 나는 내게 주어진 모든 것을 관리하는 법을 배울 필요가 있었다. 하나님은 친히 나를 다듬어 나가셨다. 그리고 가장 중요한 것은, 내가 기도하는 법을 배웠다는 것이다.

2013년 11월. 한국에서의 유학 생활을 마친 후 나는 캘리포니아 주립대학교 어바인 캠퍼스로 되돌아갔고, 학교를 졸업한 후 바로 한국에 다시 돌아왔다. 북한과 관련된 직접적인 일을 하지 않았음에도 주님은 내 속의 갈망을 따라 자연스럽게 길을 열어 가셨다. 북한 인권 문제와 관련하여 일하고 있는 사람들과 관계를 맺을 수 있는 기회가 주어진 것이다.

　그 어떤 일보다 가장 중요한 것은 북한을 위해 기도하는 것이라 생각한다. 북한의 실상과 문제들을 아는 것도 중요하지만, 정말 필요한 것은 교회가 일어나 북한을 위해 중보하는 것이다. 우리는 이토록 중요한 시기에 '청년'이라는 이름으로 살아가고 있다. 많은 청년들이 그들의 마음을 열고 눈을 열어 북한에서 실제 일어나고 있는 일을 보기 시작하고 있다. 재미교포 청년 세대가 바로 그들이다.

　우리 조부모님은 한국전쟁 가운데 동족상잔의 고통을 직접 겪으셨다. 그분들은 한반도가 갈라지기 전, 하나의 조국이었을 때를 경험하셨다. 그래서 그분들은 지금도 다시 하나 된 한반도를 보고자 하는 열렬한 갈망을 품고 계신다. 우리 부모님은 전쟁 이후의 후유증을 몸소 겪으며 어린 시절을 보내셨다. 그들은 분단된 한국 안에서 자라나셨다. 그 당시 남한은 제3세계 나라로 간주되었고, 미국이 쌀을 보내 원조해 주었던 5개국 중 하나였다. 그래서 그 당시 많은 사람들이 더 나은 삶의 터전을 찾고자 조국을 떠나게 된 것이다. 그들 중 많은 사람들이 그들의 자녀들에게 더 나은 삶을 물려주고자 하는 소망을 가지고 미국으로 이민을 떠났다.

　그러나 오늘날 우리는 재미교포 청년들이 그분들의 조

상의 나라, 바로 대한민국으로 다시 되돌아가기를 선택하는 모습을 보고 있다. 우리 또한 그들 중의 일부다. 우리는 북한에 있는 우리 형제들과 자매들의 부르짖음을 듣고 있다. 북한에서 지금 벌어지고 있는 일들에 대해 듣기를 거부하고 그냥 이대로도 괜찮다고 말하며 현실을 부정하는 세대다. 하지만 그렇게 외면하는 것은 북한을 향한 하나님의 마음을 거부하는 것이나 마찬가지임을 알기에 우리는 이대로 만족할 수 없다.

정말 말하고 싶은 것은, 아직 우리에게 소망이 있다는 것이다. 북한의 실상이 세계에 점점 더 알려지고 있기에 분명 소망이 있다. 청년들이 하나님의 자녀로서의 정체성을 가지고 그분 안으로 들어가고 있기에 소망이 있다. 전 세계 가운데 북한을 위해 울부짖는 사람들이 있음으로 인해 소망이 있다. 우리 하나님께서 쉬지 않으시기에 소망이 있다. 그리스도께서 우리에게 허락하신 온전한 자유가 있으며 (갈 5:1), 이 자유는 북한 주민들을 비롯하여, 모든 사람을 위한 것이다.

 민후의 이야기

안녕하세요. 저는 캘리포니아 주립대학교 샌디에이고 캠퍼스의 4학년생, 이름은 민후입니다. 저는 2학년 때 미국으로 이주했고, 저의 삶은 대부분 캘리포니아의 새크라멘토에서 이루어졌습니다. 어릴 적부터 한인 교회에서 여러 활동을 하며 섬겼지만, 저는 열아홉 살(1학년) 때까지 예수님과 인격적인 관계를 맺지 못했습니다.

그런데 대학 2학년을 맞기 전 여름, 저는 예수님과 사랑에 빠지게 되었습니다. 그때 저의 기도를 기억합니다.

"하나님. 왜 당신은 저를 한국인으로 만드셨나요?"

주님은 두 개로 나누어진 나의 조국을 보여 주셨습니다. 그때 저는 어렸고, 남한이나 북한에 대해 그저 희미하게 알 뿐이었습니다. 그러나 나의 조국이 둘로 나누어진 것으로 인해 많은 눈물을 흘렸던 것을 기억하고 있습니다.

저는 전임 선교사가 되는 것을 소망하게 되었습니다. 대학 2~3학년 시절, 저는 KCCC(Korea Campus Crusade for Christ)라고 불리는 공동체에서 헌신하며 섬겼습니다. KCCC와 저의 지역 한국 교회를 통해서 저는 한국과 미국에 있는 크리스천 대학생의 영향력에 대해서 배웠습니다. 주님의 말씀에 어떻게 순종해야 하는지, 그리고 지상 최대의 명령을 어떻게 실행해야 하는지를 배우고 깨닫게 되었습니다.

제가 영적으로 조금 성숙되었을 즈음, 우리 가정과 캘리포니아를 향한 하나님의 마음을 조금씩 이해하게 되었습니다. 남부 캘리포니아는 중심부의 LA와 함께 수많은 대형 교회와 크리스천이 있는 곳입니다. 그와 동시에 북부 캘리포니아의 한국인들 역시 그 수가 늘어나고 있습니다. 하나님께서는 남부 캘리포니아와 북부 캘리포니아를 그분의 관점으로 볼 수 있도록 제 눈과 마음을 열기 시작하셨습니다.

북부 캘리포니아는 지금 빠르게 성장하고 있습니다. 최근 2년 동안 저는 북부 캘리포니아에 있는 한국인들이 개인적으로 예수님을 만나게 해달라고 울며 기도한 것을 기억합니다. 그리고 저는 하나님이 북부 캘리포니아에 거주하는 하나님의 자녀들이 그 도시를 위해 기도하기를 얼마나 바라시는지 이해하기 시작했고, 중보의 마음을 품게 되었습니다.

4학년이 되었을 때, 저는 휴학을 하고 1년간 KCCC를 통해 중국 북경에서 인턴 사원으로 섬기기로 결심했습니다. 저는 대학 선교부 스태프로서 다른 재미교포 선교사님들 그리고 중국인 크리스천들과 함께 일했습니다. 저는 중국에 살고 있는 수많은 한국인들을 보고 매우 놀랐습니다. 만약 제가 북경에서 배운 것을 한 단어로 요약할 수 있다면, 그것은 '디아스포라'일 것입니다. 더 구체적으로는 '한국인 디아스포라'입니다.

저는 한국인들이 180여 개국 이상, 세계에서 가장 많이 전 세계적으로 흩어져 있다는 것을 알게 되었습니다. 왜 하나님께서 저를 한국인으로 태어나게 하셨는지, 그리고 왜 미국인으로서 성장하도록 허락하셨는지, 내 신분을 향한 하나님의 깊은 목적을 이해하기 시작했습니다. 한국과 미국이라는 나의 소중한 두 나라를 위한 마음의 부담을 가지고, 저는 대학에서의 마지막 1년을 마무리하기 위해 2013년도 9월에 복학을 했습니다. 한국인 디아스포라로서 더 깊은 소명을 가지고 미국으로 돌아오면서 저는 북한 땅 평양을 위해 기도하기 시작했습니다. 저 멀리 있는 나의 조국을 마음에 품고 울기 시작했습니다.

저 스스로가 마치 바벨론에서 시온을 향해 우는 자처럼 여겨집니다. 저는 여전히 북한, 남한 혹은 통일의 과정에 대해 많이 알지 못합니다. 그렇지만 하나님의 얼굴을 구할수록 그분께서는 통일 한국과 한민족의 회복에 대한 열망을 저의 마음속에 부어 주십니다. 그리고 저는 기도로 탄원하는 한국인 디아스포라로서 저의 더 높은 소명과 부르심을 배우게 됩니다. 남한과 북한의 통일을 위해 주님께 열정적으로 구하기 시작하면서 저는 주님께 이렇게 질문하였습니다.

"하나님, 두 나라가 마침내 통일되었을 때 무슨 일이

벌어지게 되나요? 어떻게 가난한 사람들을 먹이나요? 어떻게 교육과 의료 시스템이 설립되나요? 누가 도와주나요? 무슨 돈으로요?"

그리고 계속해서 질문했습니다.

"이것이 많은 한국인들을 전 세계에 흩으신 당신의 이유입니까? 우리가 자원과 재정을 가지고 고국에 돌아가 우리의 국가를 섬기게 하시려고요?"

저는 여전히 답을 찾기 위해 하나님께 많은 질문들을 하고 있습니다. 한국인 디아스포라를 향하신 그의 완전한 계획과 목적을 제가 다 이해할 수는 없지만 저는 전 세계의 한국인들이 통일을 준비하기를, 그리고 우리 국가의 회복을 위해 헌신하고 희생하며 나누고 섬기기를 소망하고 기도합니다.

저의 지난 4년을 돌아볼 때, 저를 캘리포니아에서 살도록 허락하신 주님의 깊은 뜻이 느껴져 참 감사한 마음이 듭니다. 북부와 남부 캘리포니아에 있는 한국 지역 사회를 통해 배웠던 것들로 북한과 남한을 위한 중보자로서 하나님께 사용될 수 있음에 감사합니다. 비록 지금 저는 캘리포니아에 있지만, 곧 하나님께서 한국을 향해 행하실 위대한 일들을 보기를 소망하며 중보하고 있습니다.

저는 캘리포니아에 살고 있는 스무 살의 한국인입니다. 한국에서 태어났지만 열 살이 되던 해, 가족과 함께 더 나은 삶과 교육을 위해 미국으로 오게 되었지요. 저는 현재 기독교계 대학인 바이올라대학교의 2학년 학생입니다. 경영학을 전공하며 국제 경영을 중심으로 공부하고 있고, 성서 연구를 부전공으로 공부하고 있습니다. 저에게는 커다란 포부와 꿈이 있습니다. 그것은 바로 나의 학위와 전문 영역을 하나님께서 친히 일하실 수 있는 플랫폼으로서 사용하시도록 내어 드리는 것입니다. 북한 땅에 직업과 자본, 선교의 기회를 창출하여 하나님 나라를 위한 사업을 일으키는 것을 꿈꾸고 있습니다.

저는 2008년에 처음으로 예수님을 믿게 되었으며, 그후로 얼마 지나지 않아 하나님께서 저를 선교를 위해, 더 구체적으로는 선교 사업을 위해 구별하셨다는 사실을 깨닫게 되었습니다. 부르심을 받은 지 1년 후, 저는 북한 인권 단체인 'LINK'를 통해 북한의 인도주의적이고 정치적인 문제들을 알게 되었습니다. 밴을 타고 미국을 횡단하며 북한의 실상을 알리는 LINK의 인턴들이 우리 교회에 방문했습니다. 그들은 북한의 실상, 특히 중국에 머무는 탈북민들의 인권 유린에 대해 집중적으로 조명하는 다큐멘터리를 상영해 주었습니다. 이 영상을 통해서 하나님은 제 마음을 찢으셨고, 북한이라는 나라에 대한 열정과 사랑을 제 속에 불어넣으셨습니다. 그 영상이 끝나자마자 저는 집에 돌아가 북한의 정치적·사회적 상황들에 대하여 조사하기 시작했고, 북한 사람들이 겪고 있는 충격적인 삶의 실태들을 알게 되었습니다.

그날 밤 이후 하나님께서는 이곳 남부 캘리포니아에서 북한 선교를 향한 중보기도를 일으키는 것에 대한 소망을 주셨습니다. 북한에 하나님의 나라가 임하는 것. 그것이 제 가슴을 뜨겁게 달구는 비전이 된 것입니다. 그로부터 머지않아 하나님께서는 이곳 남캘리포니아에서 북한 문제를 세상에 알릴 수 있는 다양한 기회를 주셨습니다.

그 첫 번째 시작은 바로 제가 다니는 고등학교에서였습니다. 태어나서부터 열 살 때까지 살았던 나의 고향 대한민국, 그곳으로부터 몇 시간도 채 떨어지지 않은 곳에서 일어나는 처참한 인권의 실상과 안보 문제에 관해 학생들에게 알리며 학교 내에 LINK 챕터를 설립하는 것을 도왔습니다. 이는 대부분의 학내 구성원이 재미교포로 이루어진 우리 고등학교 내의 학생들에게 충격이 아닐 수 없었습니다. 북한 인권과 사회 정책에 관련된 문제들은 북한, 남한,

미국 각 국가 간의 민감한 정치적 긴장으로 인해 매체에서 그다지 다루지 않았고 침묵해 왔기 때문입니다.

감사한 것은 LINK 챕터 설립 결과로 마음이 모아진 많은 크리스천 학생들이 북한을 위한 중보 기도 모임을 만들었으며, 매주 기도로 모이게 되었다는 사실입니다. 비록 그 모임은 작았지만, 저는 하나님께서 북한에 하나님의 나라를 세우시기 위해 우리 세대를 깨우고 일으키시는 것을 보며 더욱 힘을 얻게 되었습니다.

고등학교를 졸업하고 1년 후, 저는 2012년 바이올라 대학의 선교 컨퍼런스에 스태프로 참여하게 되었습니다. 저는 미국에서 가장 큰 선교 컨퍼런스에 스태프로 참여했다는 것이 참 기뻤고, 복음이 필요한 나라를 위한 통로가 되도록 하나님의 마음을 참석자들에게 흘려보내는 특권을 받게 된 것이 굉장히 황홀했습니다. 고민할 여지없이 저는 'Global Awareness' 스태프로서 북한 선교를 다루기로 결정했습니다. 그리고 그 일을 계기로 하나님께서는 다양한 만남의 기회와 네트워크를 열어 주셨으며, 참가자들에게 왜 복음이 북한에 필요한지 전하는 일을 감당하는 믿음의 사람들을 동역자로 붙여 주셨습니다.

저는 예수를 믿는다는 이유만으로 고문을 받는 북한 강제 수용소 취조실에 관한 연극을 보여 주려고 준비했습니다. 짧은 연극이었지만 수천 명의 참여자들이 북한에서 지금 일어나고 있는 일들에 대해 인식하도록, 컨퍼런스 사흘 내내 반복했습니다. 걷잡을 수 없을 정도로 끝없이 흐느끼며 우는 사람들. 이 컨퍼런스는 많은 참석자들로 하여금 북한을 향한 하나님의 열정과 애타는 사랑을 마음의 거룩한 짐으로 받아들이게 하는 통로가 되었습니다. 그리고 바이올라 대학의 수많은 크리스천 학생들에게 북한을 향한 중보의 짐을 지워 주었습니다.

이러한 일들은 우리 학교의 재미교포 학생들에게뿐만 아니라 외국인 학생들에게까지 분명한 도전을 주었다고 믿습니다.

저는 하나님께서 전 세계의 한국인들을 위해 통일의 날을 가속화하시는 특별한 시간대에 살고 있다고 믿습니다. 저는 하나님께서 북한의 공산주의 독재 정권의 추락과 함께 통일된 한국을 간절히 소망하고 계시며 기꺼이 그 일을 이루시리라 믿습니다. 따라서 지금은 전 세계에 흩어진 한국인들이 통일을 위해 기도해야 할 때입니다. 기도와 금식을 통해 우리 부모가 입은 상처를 치료하고 회복시켜야 합니다. 바로 그것이 '우리의 임무'입니다. 한반도의 첫 번째 부흥이 일어났던 북한에 하나님의 나라가 임하게 하는 통로가 되는 것은 하나님의 종으로서 가질 수 있는 우리의 권리입니다. 북한의 형제자매들과 함께 통일을 위해 기도하고 간구하는 것은 하나님의 자녀로서의 특권인 것입니다. 따라서 저는 모든 사람들이 먼저 그의 나라와 의를 위해 기도하고 소망하도록 격려하고 싶습니다. 더 많은 사람들이 그저 현재에 안주하며 사는 안이한 삶으로부터 벗어나, 주님의 나라가 이곳에 그리고 북한 땅에 임하는 것을 열망하기를 바랍니다. 그것은 또한 저의 열망입니다.

번역 | 최인희
'브릿지 하트'(Bridge Heart)의 비전을 품은 사람이에요. 하나님과 사람을, 남한과 북한을, 이스라엘과 한국을, 유대인과 이방인을 '오직 예수'로 연결하고 품는 꿈을 꾸고 있지요. 그리고 이 비전을 사람들과 함께 나누는 삶을 살아가고 있어요. 현재 이스라엘 선교 강의, 탈북민 지원 활동, 상담 사역 등의 다양한 활동을 하고 있고, 특별히 이 책 《청년, 통일하자》의 중보팀장으로 섬기고 있답니다. *^^*

My Korean-American Identity

My Mother's Bottle of Tears for North Korea   Drop.

Drop. Drop. I haven't seen a scene like this before. My own mother
was crying. She never cries. North Korea? I didn't know too
much about this country. But why is her aching so much for this
country? She was leading prayer for the congregation regarding
Rovert Park's testimony. She continued praying for North Korea
with much fervency, fire, and power. "Lord, I know you love this
country... Have mercy... Please watch over the saints..." was the
line I still remember vividly to this day.

My mother's lifelong dream and passion was to be a missionary.

192

청년, 통일하자

She graduated from Chongshin University(총신대) and even attended seminars on global missions with her colleagues. They all graduated together and went to foreign missions in step of their calling — except only one person, my mother. With a non-believing husband and other delays, she put her passion and inmost desires on a shelf. Instead of travelling the nations on foot preaching the Gospel, she travelled on her knees: by prayer.

My mother's prayer for North Korea that day shifted and sparked a fire in her daughter. I was fifteen during that time and in my second year of high school. I was just an ignorant teenager that lived without purpose or joy. But after meeting Jesus, He began to take me on a thrilling and eye-opening journey that changed my life forever...

Revival in my High School

Students are the future leaders in this generation. We have a huge calling. We are not only called to be equipped and prepared through studies, but also diligent in prayer. Because God's dominion is His Kingdom, we are to live with a Kingdom mindset in a Kingdom culture. We are His sons and daughters and when He imparts His vision onto us, we are following and obeying a very divine and special calling for His name. When I got saved, He not only began transforming my thoughts and desires, but also revealed to me how exciting it is to dream big for His Kingdom. In life, God will give you puzzle pieces (like jigsaws) and one day they will all match up into one final big picture. During high school, I received a few puzzle pieces that led the way to my understanding of God's ways.

One of them was a prayer gathering my two friends and I started in my last year of high school for our campus to come to life. Three of us, separately, received visions of a revival happening right in the middle of our campus. We all knew this was no coincidence and decided to obey God's will by starting a prayer meeting with other students who had similar desires and received campus revelations. This was when I first saw the potential and power of corporate prayer gathered under the wings of God's divinity. We asked God for souls in our campus and from the birth of prayer, we began to evangelize during lunchtime and experience supernatural things. Not only did students chime in, but also parents of the students started to receive dreams of our campus revival. God not only showed me the power of prayer, but also how prayer is in direct relation to revival. A revival is not only about the passion and fire one has for Jesus, but I believe a revival happens when one turns away from sin, repents, and from that place, God rekindles the flame into a bright fire. By seeking God on our knees with intercession and tears, we tore down idols, saw physical and spiritual healing, and began to love the souls on our campus.

> "Ask of me, and I will make the nations your inheritance, the ends of the earth your possession."
> −Psalm 2:8

Before I could ask God for the broken nations, such as North Korea, I had to start off small and faithful with the people in front of me. Students have a duty to fulfill upon their lives to change and disciple the nations, but if they cannot love their own campuses, how can one lead a nation to revival and peace? Definitely, God is training up a mighty army in this generation by equipping them with education, opportunities, and many other great things. However, prayer is the most important because through this, we are seeking His will and following His heart. He desires to partner with us, and that is through an intimate connection with Him through prayer. That was a huge wake up call for me in relation to my heart for North Korea. *North Korea desperately needs prayers. And God has been and is piling them up from all four corners of the earth.* What a mighty and majestic God we serve! Through Him, all things are possible!

Keeping My Heritage
Alive in America

I was born in Los Angeles, California on May 11, 1993. My parents immigrated to the States when I was eight months old inside my mother's womb. They heard from their relatives and neighbors that America is a better place to live and you can achieve the American Dream. They came to a foreign land not knowing any English or anyone. Additionally, they had no set of extraordinary skills to start success with. My parents' hard work and labor to keep food on the table and give us a bed to sleep in is something I am always grateful for. They had a very difficult beginning. This type of background is very common in where I live. Los Angeles is one of the biggest hubs for Koreans in the States. Most of my friends and I are first-generation Americans from our Korean descent. After China, United States is one of the countries that contain the largest Korean ethnic population – which we can call the Korean Diaspora. There must be a deeper reason why God has spread across Koreans across the nations, just like how He did with His beloved Jews. I did not know that this was all part of God's ultimate plan.

Here in the 'Land of the Free' called the United States of America, I receive free and excellent education, hold citizenship rights and privileges, and enjoy many benefits in this country. However, there are disadvantages to this aspect also. One of them is the tendency to lose your tongue, traditions, and dedication towards your Motherland. There are parents who try their best to raise their children up to still speak the language fluently by sending them to a Korean Language School every Saturday; however, there are also others who could care less. However, with this generation, I feel like the youth are losing more of their own cultural knowledge and ethics, and focusing more on the American and outside society they are living in currently. When this happens, it's extremely easy to forget where your roots are from and lose the patriotic heart for your Motherland.

Thankfully, my parents kept the heritage alive inside the house by feeding my brother and I traditional Korean food, teaching us the language, and reminding us of who we were. Inside the home, I was bubbled by Korean morals and ethics, however, once I stepped outside the door, I had to assimilate into American society and culture. This proved to be a great joy, yet also a hardship I had to endure. With language and cultural barriers between my family and society, I had to learn how to merge both of the worlds as one. I am to embrace my Korean roots and respect American values — all at the same time.

Awareness   That is why North Korea felt so distant, yet so close to me. It felt distant in terms of physical geography and societal behavior, yet so near because we are all under one ethnicity. They are Koreans and so am I. My heart drew nearer to this country. I didn't know my own people experienced and endured such harsh famine and governmental oppression. While I had the freedom of speech and rights, the North Koreans didn't. I was shamefully very ignorant to what was really happening inside North Korea until I heard of an organization named LINK.

LINK is an organization based in North America that aims to protect North Korean human rights by fundraising, spreading awareness, and aiding North Korean refugees. One day, some of the staff came to my church to host a screening. They screened a film called Crossing starring Cha In Pyo(차인표). It portrays the beauty of a father-son relationship in a dying and dry country as the father escapes to China to find medicine for his wife and embarks on another journey of retrieving his son upon arriving to South Korea. This film not only moved me to tears, but also opened up my eyes to how severe the conditions in North Korea were. How could this happen? Does a country like this really exist? How did I not know any of this all my life? As I began to ask myself these questions, my heart broke for what was happening with my people and nation. That film forever made a mark in my heart and I still cannot forget what I felt that day.

In His Timing   As I began to seek God more in my high school years with hunger and expectancy, He began to reveal to me His heart for the souls worldwide. In my last year of high school, I heard a sermon of a Pastor preaching about a youth revival in South Korea. My heart burned so passionately that I thought God was leading me to go to study

기도하다

in South Korea to be a future diplomat. So I started applying for colleges in South Korea thinking that it was God's will for me. I definitely thought that was His will… But I was very wrong. God surprised me.

After many rejection letters and additional complications, I could not attend college in South Korea. I was devastated and heartbroken. Wasn't this the best pathway to learn more about my country? Wasn't this the closest relationship I could have with North Korea? Most importantly, I was very disappointed and bitter at God. How could He do this to me? I thought God was going to use me to further His Kingdom by being in the country of South Korea and right next to North Korea. But no matter what, it seemed as if everything halted and blocked my path to go there. So I began to wait upon the Lord…

During the process of applications, I was just laying in bed praying and spending time with the Lord. Suddenly, He showed me a vast vision of China. I literally laughed out loud. I replied, "God, you are so funny. Surely I'm going to Korea. Why did I just see a picture of China?" I just laughed it off and forgot about that incident. I put that vision on a shelf and didn't think much of it until a few months later…

After finally realizing and accepting the fact that I wouldn't be able to go to Korea, I had to submit myself into His hands. All my passion... all my desires... all my dreams... every piece of it. I had to give it to the Lord. That's when I realized that vision is the definition of seeing through God's eyes. It's not really my dream, but His dream being fulfilled through me. If God really gave me those desires, then I needed to obey according to His timing. Not mine.

God Redirects my Path to China   While attending my first year of college in California, I started to become more interested in the Chinese language. This passion was too hot and burned everything in me. I couldn't understand back then but I got reminded of the vision I had seen a few months back and started to really pray about it. If God has given me a vision for my country, both South and North Korea, then why is He directing me to China? I didn't understand at that time. But our God is very surprising. Little did I know the connection China has with North Korea and that this was exactly the right pathway God has destined for me to learn more about my Motherland...

I decided to go study abroad in China for one year. However, everything went spiral down and it seemed as if the whole world was against me. Many doubts and fear emerged in going to China. My mother suddenly got a stroke a few months before my departure to China. Financially, I could simply not afford to study abroad for a year. And my church was going through a very difficult time. I felt like I couldn't leave America.

However, whenever the Kingdom is being advanced, there always will be opposition from every side. The enemy definitely did not want me to go to China! After many hardships, came much breakthroughs and provisions. By His grace, I got awarded a scholarship to study abroad in Beijing, China. God is good! Hudson Taylor, an English missionary in China for 51 years, once said, "God's work done in God's way will never lack God's provision."

A Prayer Movement
Stirs up in Beijing

My roommate in China was from South Korea, and through her I was able to attend a Korean church located in Beijing and meet many South Korean students. Some were very aware of the situation in North Korea, and some did not care at all.

One night, an amazing thing occurred. Four sisters, including myself, gathered together late at night and discussed our burning hearts and passion for North Korea. One of them was Bang A-Reum(방아름). On that very spot, we knew we needed to pray during this hour for this nation with our generation believers. So like that, a prayer gathering of South Koreans and Korean-Americans emerged in Beijing, China.

What I remember the most is singing songs, praying, and fellowshipping in the Korean language. Back in America, everything I did would be in English. But with my Korean language level, I admit that it was very frustrating and difficult at times. But that is where I saw the beauty of my mother tongue and my people coming together from all over the world to lift up the two Koreas in one tongue and spirit.

Back in America, I prayed that my future apartment in China would be used as a House of Prayer. God is so good and faithful! For the first six months, we gathered in a small space in my apartment, which was the only place available. It was a glorious and sweet time. We would worship by singing hymns and praise, praying and interceding for North Korea, and sharing with each

기도하다

other information about this nation. In the beginning, it was only the seven of us. Through all the snow, rain, and sunshine, they always came every week to gather and lift up our brother nation.

The second half of our prayer gathering was another fresh chapter of the Beijing prayer movement. Students from different churches and many universities heard about the prayer meeting and desired to join with us. My apartment was too small, so our Pastor allowed us to use the church building to meet. The numbers increased to twenty, and even sometimes thirty! We would pray for house, not even realizing how much time has passed by. By seeking His face, we went deeper in intimacy with Him. And through intimacy, God began reveal His heart to us. He would bring us to our knees in repentance over our nation's sins and with blessings of with hope. Our hearts would break and also rejoice. We would also pray for South Korea. And America. And soon enough, we began to cry for the nations. God expanded our prayers in greater depth and width!

Returning back to America   Just like how the scattered Jews were fasting and praying for their people after

Haman's decree, I believe that the Korean Diasporas have a huge calling to pray for our fellow brothers and sisters in North and South Korea. The Jews were dispersed throughout 127 provinces during the time of Queen Esther, yet they united as one to pray for their nation to be saved. Similarly, Koreans scattered throughout the globe should be watching and interceding for North Korea. It is our duty and calling.

"You were born for such a time as this," is what Mordecai boldly declares to Queen Esther during a pivotal moment of Israel's history. Her calling also resembles the Koreans living outside of North and South Korea. Koreans are scattered everywhere in the world — whether they are English-speaking countries like America, Australia, Canada, or in other nations like China, Japan, Russia, and many others, we are dispersed for a purpose within our identity. I believe that one of the biggest reasons is because God is training and raising up a mighty army to be prepared to go to the North when reunification occurs. Whether it is through education, business, the medics, or even entertainment, He is securing a portion of people that are still crying out for their Motherland in other countries. And He will definitely hear and move.

When I came back to California after my study abroad experience in China, I realized two significant things. First, many Korean-Americans are still extremely ignorant and do not care about what is happening in North Korea. Second, there are also those who have been keeping watch over this nation through intercession and tears. My earnest desire is to start a prayer gathering for our Motherland here in Los Angeles, the biggest hub of Koreans, to continue our devoted love and intercession for the nation.

Vision   In the spring of 2013, three sisters whom I met through the prayer meeting and I took a train to Northern China to meet some of God's beloved children. Residing in an underground church under a Pastor Missionary, these stateless orphans became my hope for the future and vision for my life. Birthed through North Korean women who were bride-trafficked to Chinese men, these children have been left behind by their mother and father with lack of education, food, shelter, and most importantly, love.

One morning, while my sisters and I were worshipping, they

all started to sit beside us and on our laps and started to shed silent tears. Their tears showed me the love they have for Jesus, but also the remaining emotional pain and hurt that they have. These children have been through so many difficult experiences. Their mothers got repatriated back to North Korea, died from tuberculosis, or have ran away to South Korea. Their fathers abused them and abandoned them. However, I was so thankful to God for adopting these precious children as His sons and daughters of the Most High.

The lack of education stuck out the most to me. Because their mothers are illegal residents, it is hard for them to receive proper and complete education. In addition, the Pastor told me that another missionary drives up six hours from his house to teach them English (that he is not even fluent in) and drives back down six hours every Saturday. This broke my heart tremendously because everyone has a dream they want to accomplish, whether it is playing cello in an orchestra or being an engineer. However, dreams can be accomplished through education, and I desperately desired these children to dream big and know that they can fulfill their desires and calling.

My trip to China clarified the vision and calling God has for my life. Still in college, I am currently studying education and the Chinese language to be a teacher and discipler for Chinese-North Korean orphans. I also desire to build schools for them that can give them the best education, best facilities, and best of the best in everything! I want to plant hope into them and nurture them with the love of our Father God.

Message to this Generation   As a representative of the Korean Diaspora in this book, I want to encourage all the Koreans throughout the globe to keep watch over our Mother nation – South and North Korea. I want everyone to know his or her spiritual and cultural identity during this time. Spiritually, we are God's sons and daughters that are fully equipped to do every good work through Him. Culturally, we are Koreans by blood, and whether you are called to go to Korea or not, we are to keep our country in prayer. The Jews, scattered with so much pain and isolation, has still unified to fast over their nation – and God heard. Similarly, we are to unify as one throughout the globe and intercede with hope to set the captives free in North Korea. As we find our identity spiritually and culturally, our purpose and pathway becomes clearer.

I will introduce my three friends' stories which will share about their desire for reunification.

Praying for Unification Far Away

Introducing my Friends' Hearts

for North Korea

SARAH SUH'S STORY

I'm a 23 year-old Korean-American, born and raised in California, living permanently in South Korea. I'm not here to make money or to figure out what I'm doing with my life post college graduation, but I'm here because I fully understand the calling God has put on my life. I am fully aware that I'm a part of something that is much bigger than me. In the spring of 2012, I made a commitment to God in my heart to live in, serve and pray for the nation of Korea—both North and South, and I'm not going anywhere until He tells me to.

Long story short, I first came to Korea in the summer of 2010 to study abroad at Yonsei University.

I was very backslidden in my faith and was not walking with the Lord then, but it was then when He first planted the seeds in my heart. I felt an almost supernatural love for Korea that led me to wonder why this nation was not one. Why I barely heard anything about North Korea except for what I saw on the news. So, when I came back to the states, I began to do extensive research on North Korea on my own. I learned about my family's history. I talked to my parents and heard their stories. I learned that my father's side of the family all came from North Korea, but fled to the South during the war. I didn't want to just sit and do nothing. I wanted to do something, so I got involved with an NGO called Liberty in North Korea (LINK) where I gained much of the solid information and knowledge I know today regarding NK and worked as a refugee resettlement intern for a little over a year. I was filled with so much passion, yet I didn't really know what to do with it. I didn't know that this was the heart that God had given me for Korea. As I started to walk out of my backslidings, God opened the doors for me to go back to Korea. In 2012, I studied abroad again at Yonsei University, but this time with a clear vision of why I was there. During my year in Korea, I encountered God in a supernatural way and I was immediately filled with so much understanding regarding my identity and purpose. God began to tell me to dream big—that I could and needed to dream bigger. Things started to fall perfectly in place: I found the right church to grow and serve in, found the spiritual family I needed to help steward everything I was receiving and most importantly, I learned how to pray. It's now November 2013. After I studied abroad, I went back home to California, graduated from University of California of Irvine (UCI) and immediately came right back to Korea. Although I am not doing any direct work with NK at the moment, I know I am right where I need to be. I have been fortunate to experience all that I've had and build relationships with key people working on human rights issue. But more than anything, what we need is prayer. Spreading awareness is great, but what we need is the Church to rise up and for Christians to contend for the

212

청년, 통일하자/

Kingdom and intercede on behalf of North Korea.

We are living at a crucial time where we're seeing more and more young people opening up their hearts and eyes to see what's really going on in North Korea. A unique generation of Korean-Americans who are not tainted by any sort of post-Korean War propaganda or experiences. Our grandparents lived during the war and saw the horrors of it, yet they also lived during the time when the Korean people were once one, so they still carry that identity and desire to see a reunited Korea. Our parents grew up during post-war Korea and had to see the aftermath of it all. They grew up in a divided Korea, during a time when South Korea was considered a third-world country and was one of the 5 countries that the United States sent rice aid to. So, many of them left the country to seek a better life. Many of them immigrated to America in hopes to offer their children a better life. But today, more than ever before, we are seeing young Korean-Americans choosing to go back to the home of their ancestors. We are part of a different generation. A generation that hears the cries of our

213

brothers and sisters in North Korea. A generation that refuses to simply hear what's going on and say we're okay with it. We're not okay with it because it's not God's heart for North Korea.

What I want to say is there is hope. There's hope because the world is beginning to see more and more the reality of what's going on inside North Korea. There's hope because there's a generation of young people stepping into their identities as sons and daughters of the Most High. There's hope because there's people crying out for North Korea all over the world. There's hope because our God is RELENTLESS. It's for freedom that Christ has set us free [Galatians 5:1] and freedom is for everyone.

MIN HOO'S STORY

Hello, my name is Min Hu Jun, and I am a graduating senior at University of California, San Diego (UCSD). I immigrated to America in 2nd grade, and I grew up in Sacramento, California most of my life. Though I actively served in a Korean-American church starting at a young age, I didn't pursue a personal relationship with Jesus until my first year at UCSD as a 19-year-old girl. After falling in love with Jesus, summer before my 2nd year at UCSD, I remember praying, "God, why did you make me Korean?" In His answer, He showed me the condition of my country, divided in two. At the time, I was still young and barely knew anything about North Korea or South Korea, but I remember shedding so many tears for my country, and it was more than enough for me to desire to be a full-time missionary.

During my 2nd and 3rd year at UCSD, I fully committed and served in a ministry called Korea Campus Crusade for Christ, also known as KCCC. Through KCCC and my local Korean church, I've learned so much about the power of college-student-Christians in Korea and America. As a Christian, God really taught me how to obey the Great Commandment and how to live out the Great Commission. As I spiritually matured in San Diego, at the bottom of California, I began to understand God's heart for my home, Sacramento, all the way up on the top of

기도하다

California. Southern California, with Los Angeles in the center, has so many Korean mega churches and bodies of Christ, while Koreans in Northern California are still growing in numbers. God started to open my eyes and heart to really see Southern California and Northern California from His perspective. NorCal is powerfully growing now, but during these 2 years, I remember crying and praying for the Koreans in NorCal to personally meet Jesus. And I began to understand God's heart for intercession, and how He desires for the brothers and sisters in SoCal to pray for NorCal.

When my 4th year came around, I decided to take a break from UCSD and serve as an intern-staff at Beijing, China through KCCC for I year. I worked as a campus ministry staff with other Korean-American missionaries and Chinese Christians. Though I expected to serve and be one of the Chinese people, God surprised me by revealing to me His heart for the Koreans in Beijing. I was so surprised to see the numerous Koreans living in China. If I can summarize what I have learned in Beijing in one word, it'll be Diaspora. To be more specific,

청년, 통일하자

Korean Diaspora. In China, I discovered that Koreans are the most globally scattered people-group in the world, covering 180+ countries. I began to understand God's deeper purpose of my identity as a Korean-American; why God made me as a Korean but allowing me to grow as an American. With this new heart and a burden for my two countries, Korea and America, I returned to UCSD in September 2013 to finish my last year of college.

Coming back to America with this higher calling as a Korean Diaspora, I started to pray for my personal Jersualem: Pyong-yang, North Korea. Just like Psalm 137, I started to understand what it means to really cry for my land from afar. I feel like I'm in Babylon, crying for my Zion. I still don't know a lot about North Korea or South Korea or the progress of unification, but the more I seek God's face and His heart for my country, God places His desire for unification and restoration in Korea into my heart. And I started to learn my higher calling and purpose as one of the Diasporas to intercede with prayer.

기도하다

As I started to actively ask the Lord about unification in Korea, I started to question, "God, what will happen to Korea when the two finally unify? How will the poor be fed? How will the education and medical systems be built? Who will help? With what money?" And I continued to ask, "Is this why you scattered so many Koreans all over the world? So that we may return with resources and finances to build our country?" I'm still asking and asking and asking so many questions to my God. I don't know His full plan and purpose for Korean Diasporas, but I desire and pray that Koreans all over the world will prepare for unification and actively sacrifice and give and serve to restore our country.

Looking back on my last 4 years, I truly thank the Lord for allowing me to live in NorCal and SoCal. I can be used by God as an intercessor for North and South Korea right now, because of what I have learned through the Korean communities in Northern and Southern California. While I serve God in California right now, I am looking forward to see what He will do to Korea in the near future.

I'm a 20-year old Korean living in California. I was born in South Korea but came to the States when I was 10 with my family in hopes of better life and education. I'm currently a junior at a Christian college named Biola University. I am majoring in Business Administration with an emphasis on International Business and minor in Biblical Studies. My aspiration and dream is to use this degree and education to build a successful Kingdom-minded business in order to use it as a platform to further the movement of God by creating jobs, capital, and missions' opportunities in the world, especially North Korea.

I first came to believe Jesus in 2008 and realized about a month after being saved that God was setting me apart to do missions, but more specifically, business as missions. A year after God's calling in my life to be His partner and servant in the mission field, I was exposed to the humanitarian and political issues of North Korea by an NGO called Liberty in North Korea (LINK). LINK nomads, or interns, that travel across America in a van to get people aware of the things that are going on in North Korea came to our church and hosted a screening of a documentary highlighting the main issues in North Korea, especially the refugees in China. Through this screening, God has broken my heart and put a passion and love for the nation of North Korea. As soon as the screening was over, I did my research at home regarding the political and social conditions of North Korea and found out the outrageous living conditions that the people were going through. Ever since that night, God has shared a part of His heart for me to partner with Him in bringing about His Kingdom to this nation in the future through missions efforts and intercessory prayers here in Southern California. Soon enough, God was eventually unfolding various opportunities for me to practically get involved with the issues of North Korea here in Southern California.

First of all, I was involved in establishing a LiNK chapter in my high school, getting the word out about

청년, 통일하자

the depravity of human values and security in a country that was only hours away from my hometown Seoul, South Korea, where I was born and raised until 10-years old. This was a shock to many in my high school where most of the students are Korean-Americans because the issues of North Korea's humanitarian and social policies were often silenced and subdued by the greater political tensions North Korea had with South Korea and America by the media. As a result LINK chapter's establishment, many like-minded Christian students gathered together weekly at school to pray over North Korea with intercession and worship. Although the group was small, I was strengthened to see others that God was raising up in our generation to further His Kingdom in North Korea.

A year after graduating high school, I was involved in Biola University's Missions Conference 2012: Consume as a staff for the Global Awareness section of the three-day conference. I was not only ecstatic for taking part as a staff in the largest student led missions' conference in America, but also because I was given the privilege to commit a room for students and visitors to come and experience a nation of our choice that is in need of the gospel. Undoubtedly, I chose to cover North Korea as part of the Global Awareness staff during the conference, which led me to meet others at Biola University who were just as, if not more, passionate about bringing the Kingdom of God to North Korea. Through the relationships and networks that God was opening up in my life, I was able to partner with fellow believers in creating a room that exemplified to the attendees why the gospel was needed in North Korea. With the support LINK and another connection, the conference staff and I were able to create a room with a live skit of a Christian family undergoing interrogation in a North Korean concentration camp. Our short skit was repeatedly played throughout the three days of the conference, helping thousands of attendees to be more aware of the things that are going on in North Korea today. This conference has opened a way for many believers at Biola University to get a glimpse of God's passion and love for the nation of North Korea with some even crying endlessly because of the burden that God was putting upon their hearts. Such events brought encouragement and hope that was not only evident in the Korean-Americans in my high school, but also amongst the non-Koreans at Biola University.

I believe that we are living in a unique time where God is shifting gears for the Koreans all over the world. I know that He is willing to bring about a reunified Korea with the fall of communistic dictatorship of North Korea. Therefore, this is the time for Koreans all over the world to intercede for reunification. This is our time to heal and mend the broken wounds that have happened in our parents' generation through prayer and fasting. It is our right as servants of God to bring forth the Kingdom of God to North Korea where the first revival in the Korean Peninsula took place. It is our right as children of God, to pray and seek to be reunited with the brothers and sisters of North Korea. Therefore, I want to encourage everyone to pray and hope for the greater things of the Kingdom. It is my desire to see more people depart from living lives of complacency

223

기도하다

to lives that are seeking the Lord to bring forth His Kingdom here on earth.

이렇게 통일하자!

CHUNGTUNE

첫번째

부록에 담긴 통일준비학교 매뉴얼은 이 책의 공동 필자 김경헌 님이 여러 동역자들과
함께 6주차 과정으로 기획·진행한 세미나 형식의 통일 교육 프로그램 기초 자료입니다.

통일준비학교

'통일준비학교'의
기본 정신

통일준비학교의 시작   하나님은 사람을
통해 일하신다. 사람의 마음에 감동을 주시고 그 마음을 움직여 행
동하게 하신다. 하나님의 마음을 받은 한 사람의 순종은 정말 중요
하다. 통일준비학교는 하나님으로부터 통일을 향한 마음을 받은 세
청년이 과감히 시작한 일이었다. 통일에 대한 것이면 어떠한 활동이
든 시작해 보기로 마음먹은 세 청년은 세미나 형식의 교육 프로그
램을 열기로 하고, 그 이름을 통일준비학교라고 짓기로 의견을 모았
다. 감사하게도 몇몇 지원자가 나서서 총 7명의 멤버가 각자의 역할
을 찾아 통일준비학교를 준비하게 되었다.

　　세미나 형식인 만큼 매주 강의에 활용할 파워포인트와 자료 영

상을 준비해야 했기에, 실제로 통일준비학교를 준비하고 진행하는 약 2개월 동안 꽤 많은 시간과 수고가 따랐다. 멤버들은 각자 레크리에이션, 홍보와 행정, 간식 준비, 찬양 인도, 사회 및 전체 진행, 사진 촬영 등을 맡아 함께 학교를 이끌어 갔다.

2014년 5월 말경 시작된 통일준비학교는 매주 금요일 저녁 두 시간씩 진행되었다. 간단한 식사와 교제, 레크리에이션, 통일 토크, 활동과 토론, 찬양과 기도, 광고 순이었다. 그중 '통일 토크' 시간은 매주 동일한 발표자가 인도하므로 지루하지 않도록 매번 네다섯 개의 영상을 스토리텔링 형식의 파워포인트 자료에 재미있게 녹여 내고자 했다. 또한 수동적인 강의가 아닌 그룹별 활동과 토론 시간을 강화하여 자발적이고 적극적인 참여식 교육이 되도록 힘썼다.

매주 참석 인원은 우리의 기대에 조금 못 미친 15~20명 정도였지만, 대다수 참석자가 북한과 통일에 전혀 관심이 없었던 대학생들이라 오히려 의도했던 소기의 목표는 달성된 셈이었다. '북한 인권'에 대해 다루었던 2주차에는 평소 전혀 모르고 있었던 사실을 이제야 알게 되어 부끄럽다며 참 진지한 얼굴로 기도하는 그들의 모습에 얼마나 뿌듯하고 감사했는지 모른다.

그렇다. 통일준비학교는 진정 '북한에 무지하고, 통일에 관심 없는' 청년들을 위해 시작된 프로그램이고, 그렇기에 더 많은 청년들이 반드시 한번쯤은 참석해야 할 세미나이자 학교인 것이다.

6주차에 수료식을 마치고, 그다음 주에 '탈북민 초청 만찬'을 진행함으로써 첫 번째 통일준비학교를 마무리했다. 처음 시작하는 모임이라 다소 시행착오도 겪었지만, 이러한 시도와 노력이 많은 청년들에게 큰 도전과 감동을 주었다는 평가를 받았다. 또한 통일준비학교가 청년부만의 행사가 아닌 교회 전체 프로그램으로 번지게 되길 기도하며, 전국 곳곳의 교회마다 이와 비슷한 모임들이 불 일듯 일어나기를 함께 소망하는 뜻깊은 시간이었다.

이제 통일준비학교의 매뉴얼과 준비 자료를 함께 나누고자 한다. 이 자료들을 통해 각 교회 청년들이 통일을 위해 기도하고 준비하는 모임을 새롭게 시작하고 세워 갈 수 있기를 간절히 기도한다.

통일을 준비하라! 통일준비학교의 단한 가지 분명한 목적은 청년들로 하여금 '곧 다가올 통일을 준비하게 해야 한다'는 것이었다. "왜 아직까지 남북 통일이 되지 않을까?"라는 질문에 대한 답도 바로 거기에 있다고 생각했다. 우리의 준비가 아직 미약하여 미처 대비하지 못한 통일은 더 큰 혼란으로 다가올 수 있기에 하나님께서 일부러 그날을 미루고 계시는지도 모른다는 깨달음이 왔다.

우리가 북한을 온전히 품을 수 있는 마음으로 변화되고, 국가와 민간단체 그리고 교회들이 각기 다양한 모습으로 통일을 위한 실질적인 준비와 기반을 마련할 때 하나님이 그 문을 여시리라 생각되었다. 따라서 '막연하게 기다리는 통일'이 아닌 '우리의 준비로 만들어 나가는 통일'이 되어야 한다고 믿었다. 그 일은 다른 누구도 아닌 '청년들'이 주체가 되어야 함이 마땅했다.

통일 이후 꿈과 비전을 상상하라!   그러나 실상 청년들의 삶은 어떠한가. 대다수 청년들은 북한에 대해 관심조차 없을 뿐만 아니라, 심지어 일부는 통일이 필요 없다고 말하는 현실이다. 자신의 앞길 외에는 눈 돌릴 여유조차 주지 못할 만큼 어려운 시대이기도 하지만, 그것은 근본적으로 통일의 문제를 자신의 삶과 비전에 직결시키지 못하기 때문이라 생각한다. 통일이란 것이 너무 막연하고 또 언제 올지 모르기에, 어떻게 변할지 모르는 자신의 미래와 굳이 연관 지을 필요가 없는 것이다. 그러나 이것은 무지의 소산이다. 미래는 준비하는 자의 것이라 하는데, 통일 또한 다를 게 무언가. 이 부분을 청년들에게 진지하게 일깨워 주고 싶었다. 통일이 되어야 하는 당위성만 외칠 것이 아니라, 통일 이후 하나 된 한반도 위에서 새롭게 펼쳐질 자신만의 꿈과 비전을 상상해 보라고 말이다.

지금, 통일 한반도를 상상해 보자. 어느 날 갑자기 찾아온 통일, 당장 남북 간의 자유 이동은 힘들 수 있겠지만 점차 우리는 북한 주민을 이웃처럼 대하게 될 것이다. 과거 독일에서 그러했듯이, 남북 주민들은 이질감을 느끼게 될 것이고, 이는 또 하나의 사회적 문제로 대두될 것이다. 북한 주민들에게는 자본주의와 민주주의 체제에 대한 교육이 필요할 것이며, 발육 부진의 북한 아이들을 위한 영양 치료 및 복지 시스템이 도입되어야 할 것이다. 전체 인구 비율을 살펴보았을 때, 남한이 점차 노령화되고 있는 것에 반해 북한은 연령대가 젊은 편이다. 따라서 전체 내수 시장이 확대될 뿐더러 노동력이 살아나 경제가 활성화될 것이다. 북한에서는 도로, 항만, 철도 등과 같은 사회간접자본과 생필품의 수요가 늘어날 것이고, 대한민국은 이를 통해 '제2의 한강의 기적'을 기대해 볼 수 있을 것이다. 한편 국제적으로는 북한에 대한 전 세계의 관심과 여론에 따라 여러 형태의 지원이 쏟아질 것이다. 북한의 수용소는 인권박물관으로 탈바꿈되고, DMZ를 비롯한 북한의 명소는 전 세계인이 찾아오는 관광지가 될 것이다. 이러한 흐름에 따라 생겨날 수많은 일자리를 상상해 보자. 심리치료사, 이미지 코치, 통일 한반도 교육 전문가, 관광 코디네이터, 해외기구 통·번역사, 사회적 기업가 등 무궁무진하다. 남한의 청년들은 이를 기대하고 꿈꾸고 준비해야 한다. 아, 정말 가슴 떨리는 통일 한반도의 미래! 지금 우리에게 필요한 건, 보이지 않는 미래를 통찰하고 상상할 수 있는 마음의 눈이다!

분명 하나님께서는 머잖아 통일을 허락하실 것이다. 통일 이후 여러 가지 혼란과 시행착오는 분명 있겠지만, 궁극적으로 통일은 억압된 북한 주민에게 자유를 선물하고 저성장의 늪에 빠진 남한에게도 디딤돌이 되어 줄 것이다. 남북이 하나 되어 더 단단한 대한민국이 될 것이고, 분명 세계 속에서 하나님께 더 크게 쓰임 받는 국가가 되리라 의심치 않는다. 누군가는 이를 막연한 긍정이라 타박할지 모르지만, 하나님께서는 이러한 믿음을 기쁘게 받으시리라 믿는다. 그분은 "너희 말이 내 귀에 들린 대로" 행하시는(민 14:28) 분이기 때문이다.

통일을 마케팅하라!   통일을 말한다고 해서 모두가 귀담아 듣는 것은 아니었다. 그리 신선한 주제도 아닐 뿐더러 자칫 고리타분한 이야기가 되기 십상이었다. 결국 통일 또한 '마케팅'이 필요하다는 걸 깨달았다. 청년들을 사로잡을 통일 메시지와 호소력이 절실했다. 어떻게 하면 효과적으로 통일을 이야기할 수 있을까 고민하던 차에 《통일 한국 브랜딩》이라는 책에서 '통일 한국을 마케팅하는 다섯 가지 요소'를 발견했다. 청년들의 현재 '눈높이'에 맞추어 '유익한 자료'와 '실제적 정보'를 '흥미롭고 재미있게' 전달하고 더불어 '비전 제시'를 통해 그들로 통일 한국을 직접 상상하도록 해야 한다는 것이었다.

이 책을 읽으며 통일 준비를 위한 다섯 가지 단계를 떠올리게 되었다. 청년들이 통일을 위해 나아가려면 가장 먼저 북한과 통일에 대해 일말의 '관심'이 생겨야 한다. 어떠한 일이든 작은 관심이 시초가 되어야 하지 않겠는가. 일단 관심이 생기면 저절로 더 알고자 하여 '공부'하려는 의지가 생길 것이다. 열정을 갖고 공부를 하다 보면 자연스럽게 통일 이후의 미래를 '상상'하게 될 것이고, 또 자연스럽게 내가 앞으로 해야 할 일에 대한 청사진 곧 '비전'이 떠오르게 될 것이다. 통일에 대한 확고한 비전이 생긴 사람의 다음 걸음은 무엇일까. 두말할 나위 없이 통일을 '준비'하는 단계로 나아가게 된다. 당장 실행에 옮기지는 못할지라도, 어떠한 모습으로든 통일을 준비하는 마음과 자세를 품고 살아가게 될 것이 자명하다.

거룩한 상상력이 필요하다! 통일 준비의 다섯 가지 스텝에서 가장 중요한 부분은 바로 '상상'하는 단계다. '비전'은 얼마나 자유롭고 구체적으로 상상하느냐에 따라 무궁무진하게 피어나는 것이기 때문이다. 단순히 공부를 통한 지식만으로는 쉽사리 비전이 생겨나지 않는다. 그런 의미에서 "지식보다 중요한 것은 상상력이다"라고 말했던 아인슈타인의 명언은 지금 통일 한국을 준비해야 할 우리에게 중요한 귀감이 된다.

상상의 단계가 가장 중요한 또 한 가지 이유는, 바로 이 부분에서 가나안 땅을 정탐하고 온 여호수아와 갈렙 같은 '믿음과 용기, 긍정적인 마음'이 매우 필요하기 때문이다. 미래의 통일된 한반도를 상상하면서 "젖과 꿀이 흐르는 땅을 우리에게 허락하셨으니 어서 가자!"고 외치는 그들의 자세를 배워야 한다. 물론 이때 한 가지 견지해야 할 것은, 그 땅을 취하려는 마음의 동기가 단순히 우리의 배를 불리려는 목적이 아니라는 것이다. 통일 한국을 통해 새롭게 행하실 '하나님의 역사에 대한 기대감'이 가장 큰 목적이 되어야 한다. 아마 여호수아와 갈렙도 동일하지 않았을까. 저 약속한 가나안 땅에 하나님이 우리를 친히 인도하시리라는 확신과 기대로 가득했을 것이며, 그 땅에서의 풍성한 삶을 거듭 상상했을 것이다. '거룩한 상상력!' 자기중심적으로 변질된 상상력과 명확히 구분하고자 앞에 '거룩한'이란 단어를 붙여 보았다. 상상하는 단계에서의 '거룩한 상상력'은 바로 통일을 준비하는 과정 중에 없어서는 안 될 핵심이자 필수 코스이면서 우리가 진정 추구해야 할 자세다.

함께 통일을 준비합시다!   물론, 기본 지식이 없다면 미래를 상상하는 것조차 힘들다. 특별히 '북한'이란 나라는 우리가 한 번도 가보지 못한 곳이기 때문이다. 따라서 제아무리 놀라운 '거룩한 상상력'도 2단계 북한에 대한 '공부' 과정을 거치지 않는다면 허사다. 상상력이란 것도 정확하고 다양한 사실과 자료에 근거해야만 충분히 발휘되기 때문이다. '공부'의 전제는 북한과 통일에 대한 '관심'이다. 하지만 관심이란 것은 특별한 계기 없이 스스로 발견해 내기가 참 어렵다. 주변인의 도움이나 계속적인 자극이 주어져야만 가능하다. 그러므로 청년들에게 통일을 함께 준비하자고 단순히 말로만 도전해서는 안 된다. 먼저 이들을 모아서 북한에 대한 '관심'을 불러일으키고, 함께 '공부'하며 통일 이후를 '상상'할 수 있도록 이끌어 주어야 한다.

그 이후 과정으로 통일 한국의 '비전'을 발견하고 '준비'하는 길로 나아가는 것은 사실상 각 개인의 몫이다. 그런 개인 영역까지는 타인이 접근할 수 없기에, 최소한 사람들로 하여금 '관심-공부-상상'의 단계가 자연스럽게 이어지도록 환경을 만들어 주는 것이 필요하다. 특히 상상하는 단계는 다른 사람들과의 토론을 통해 더욱 풍성해지고 명확해지기에 소그룹 모임이 매우 중요하다. 물론 흥미가 유발되고 재미있게 공부하는 과정 또한 다른 사람들과 함께할 때 더 배가 되는 법이다. 이처럼 청년들과 함께 통일을 준비하는 방법은 그저 어떠한 말이 아니라 위와 같은 모임을 경험할 수 있도록 기회의 장을 마련해 주는 것이 가장 중요함을 잊지 말아야 한다.

물론 이 모든 사항을 인지하고 통일준비학교를 인도한 건 아니었다. 그러나 지난 시간을 뒤돌아 보니 바로 이와 같은 마음으로 '기대하라, 통일 한국'이라는 작은 소그룹을 인도했었음을 알 수 있었다. 또한 그 속에 통일 마케팅의 다섯 가지 요소와 통일 준비 5단계가 모두 녹아들어 있었음을 확인했다.

그 이후로도 지속적으로 청년들과 함께 통일 준비의 걸음을 밟아 나가도록 끊임없이 고민하며 '통일준비학교'를 기획해 나갔다. 통일준비학교 1기를 끝마친 지 1년이 지난 지금 돌이켜 보면, 역시 이 모든 것이 통일을 준비하는 청년들을 세워 가시는 하나님의 이끄심이었음을 인정하게 된다. 앞으로 더 많은 청년들이 통일의 날을 위해 세워지고 준비되기를 바란다.

"이 한반도에 하나님이 행하실 일을 진정 기대합니다!"

> 너희는 이전 일을 기억하지 말며 옛날 일을 생각하지 말라 보라 내가 새 일을 행하리니 이제 나타낼 것이라 너희가 그것을 알지 못하겠느냐 반드시 내가 광야에 길을 사막에 강을 내리니(사 43:18, 19).

이렇게 통일하자!

통일준비학교의 특징과 차별화

사실 북한과 통일에 관한 세미나 및 컨퍼런스를 찾는 건 어렵지 않다. 조금만 관심을 기울이면 각종 북한 관련 단체에서 주최하는 '북한선교학교' 등 여러 아카데미 홍보 포스터를 발견할 수 있다. 그런 자리에는 으레 북한과 통일 영역에 몸담고 계신 저명한 교수 및 학자들이 강사로 초빙되곤 한다. 그에 비하면 '통일준비학교'는 여러모로 내세울 만한 인물도 없거니와 참으로 빈약해 보이기까지 한다. 그러나 주제별 전문 강사를 초빙하여 유익한 강의를 '잘 듣고 배워서 얻어 가는' 여타의 과정에 비해 통일준비학교는 '즐겁게 참여하며 생각해 보는' 과정이라는 점에서 전혀 다른 지향점을 갖고 있다.

모임의 대상과 취지

기본적으로 통일준비학교에서 지향하는 주요 참여 대상은 20~30대 청년들이다. 왜냐하면 통일준비학교는 남북통일 이후 각자가 감당해야 할 역할과 비전을 찾아 나가는 프로그램이기 때문이다. 그렇기에 북한에 대한 기본 지식이 전혀 없는 친구들도 충분히 참여 가능하다. 오히려 그런 친구들이 북한을 위해 기도하고 통일 비전을 품을 수 있도록 인도하는 것이 통일준비학교의 목표이기도 하다.

만약 북한에 대한 열정이 가득한 청년들만의 모임이라면 자체 스터디나 기도회로 모임을 이끌어 가는 것도 좋다. 그러나 필자의 경험상 스터디나 기도 모임의 지속성은 본인 스스로의 책임감 또는 뚜렷한 목표 의식에 달려 있다. 참여자가 하나둘 흥미를 잃기 시작하면 함께 모이는 것 자체가 어려워지기에 이끌어 가는 스태프들에게는 각자의 역할과 책임감을 부여하고, 참석자들에겐 재미와 유익함을 느낄 수 있도록 통일준비학교를 세팅해 나갔다.

또한 참석하는 모든 청년이 북한을 향한 하나님의 마음과 통일 비전을 품기를 바라는 마음으로 기도하며 모임을 준비했다. 그리고 더 이상 통일을 기다리기만 하지 말고 북한에 대해 공부하면서 성공적인 통일을 함께 만들어 가자고 외쳤다. 아울러 통일 한국의 미래를 상상하고 토론하면서 각자 자신에게 부어 주시는 놀랍고 새로운 비전을 발견하는 시간이 되길 소망했다. 이것이 통일준비학교가 시작된 이유이자 통일준비학교의 비전이었다.

모임의 기본 형식　　　　　　　　　　통일준비학교는 누구나 올 수 있고, 웃고 즐기며 배우고, 함께 먹고 마시며, 무엇이든 묻고, 서로를 도와 협력하는 방식이 적합하다고 생각했다. 그리하여 6주간의 세미나 모임과 1주 현장 체험으로 전체 프로그램을

이렇게 통일하자!

구성했고, 각 주차마다 정해진 영역별로 '통일 토크'를 구성하였다.

시간(2시간)	내용	담당
25분	웰컴, 간단한 식사와 교제	행정 담당자, 사회자
10분	레크리에이션(북한 관련 퀴즈 등)	게임 담당자
40분	〈통일 토크〉 영상을 활용한 스토리텔링 강의	토크 담당자
20분	그룹별 활동과 토론	사회자
10분	전체 나눔 및 종합	사회자, 토크 담당자
10분	찬양과 기도	찬양 담당자
5분	광고 및 마무리	광고 담당자

각자의 통일 비전 설계에 초점　　　　　'통일'이라는 두 글자
는 그 자체로 참 맑고 순수하다. 그런데 일부 사람들은 '통일'이라는
말 속에 정치적 의도나 색깔이 숨어 있지는 않은지 미간을 좁히며
바라보기도 한다. 사실 통일이란 단어에는 정치와 종교를 떠나 우리
의 마음을 하나로 모을 수 있는 힘이 담겨 있다. 그런데 실상은 보수
와 진보가 서로 다른 통일을 이야기하고, 심지어 기독교계 내에서도
북한을 바라보는 데 있어 상반된 입장 차이를 보이는 것 같다.

　통일준비학교에서는 '통일 비전'이 진정 우리 모두의 비전이 될
수 있도록 각 주차별 프로그램마다 통일 한국의 미래를 상상하는
것에 가장 큰 초점을 두었다. 그래서 정치적 논란이 될 만한 이슈나

특정한 사상을 주입하기보다는 기독교인이라면 누구나 알아야 하고 어느 교회에서든 공유할 만한 자료를 선별하려고 노력했다. 참석하는 모든 대상자에게 각자의 통일 비전을 발견하게 해주고자 했던 목표가 무엇보다 더 컸기 때문이었다.

그런 점에서 통일준비학교의 하이라이트는 바로 "이제는 통일 한국을 상상하라!"는 제목의 활동과 토론 시간이었다. 정답이 없는 문제에 대해 생각하고 토론하는 시간. 처음에는 모두가 막막해했다. 그러나 시간이 지나자 몇몇 친구들의 눈빛이 반짝이고, 펜을 잡은 손이 분주히 움직이는 것을 확인할 수 있었다. 누구도 정확히 예측할 수 없는 미래의 모습을 한 번이라도 깊이 생각하고 또 고민해 보는 것. 통일 한국을 만들어 나감에 있어 이 작업은 정말 꼭 필요하다. 그리고 청년들에게 이런 시간을 마련해 주는 것 자체만으로도 통일준비학교를 시작한 목표의 절반은 성공한 셈이라 생각한다.

실제로 그 시간을 통해 비전을 구체화한 친구들이 생겨났다. 통일 후 북한 주민들을 위한 직업 상담사가 되겠다거나, 탈북민들을 위한 학교를 짓고 싶다고 말하는 친구가 있는가 하면, 본인이 지금 몸담고 있는 일 또는 전공을 살려 통일 한국에 필요한 역할을 감당하기 위해 진로를 구체화하는 친구들도 있었다. 청년들을 굳건하게 세우는 방법은 그들에게 정확한 목표 의식과 뜨거운 비전을 심어 주는 것이다. 바로 그러한 면에서 통일준비학교는 불안하게 흔들리는 오늘날의 청년들에게 꼭 필요한 프로그램이라 할 수 있다.

통일준비학교의 준비 과정과 자료

                                  통일준비학교의 시작이 그리 어렵지 않았던 이유 중 하나는 유명 인사를 초청하지 않았기 때문이다. 학교라고는 하지만 '강의'의 비중을 그리 높게 두지 않았기에 주제별 강사를 따로 초청하지 않고 주최하는 팀 안에서 '토크 시간'을 충분히 활용하였다. 물론 외부 인사 없이 자체적으로 모든 프로그램을 준비하는 것은 분명 어려운 일이다. 그러나 팀장 혹은 팀원 몇몇이 나누어 각 주제에 맞게 자료만 풍성히 준비하면 충분히 알찬 시간으로 꾸려 갈 수 있다. 물론 그중 1~2주 정도는 외부 강사나 탈북민 강사를 초청하는 시간을 갖는다면 금상첨화다. 청년들이여, 이제 시작하고자 하는 열정만 있으면 된다. 자료가 없어서 준비를 못하겠다는 핑계는 더 이상 댈 수 없다!

웹사이트

» 통일교육원

www.uniedu.go.kr

    통일준비학교의 기본이 되는 웹사이트다. 대한민국 통일부 산하 기관으로 가장 공신력 있을 뿐 아니라 무수한 자료가 담겨 있다. 〈북한 이해〉, 〈통일 문제 이해〉, 〈통일 교육 지침서〉와 같은 교재를 신청하면 무료로 받아볼 수 있다. 각종 자료를 PDF 파일로 다운받아 볼 수 있으며, 다양한 통일부 제작 영상도 링크되어 있고, 청소년을 위한 창의적 체험 활동도 마련되어 있어 통일준비학교의 '활동과 토론' 콘텐츠 구성에 많은 참고가 된다. 그 외 다양한 기관의 웹페이지가 통일교육원의 '관련 사이트'에 연결되어 있으니 참고하기 바란다. 북한에 관한 심층 자료를 원한다면 온라인 강의 및 통일교육전문과정 프로그램이 준비되어 있으니 활용하라.

» 블로그 '통일 미래의 꿈'   http://blog.unikorea.go.kr

조금 더 가볍게 접근할 수 있는 통일부 운영 블로그다. 특별히 대학생 기자단이 쓴 코너 안에서는 '찾아가는 인터뷰' 등을 통해 통일 관련 단체 및 행사 현장의 생생한 소식을 들을 수 있고, 통일에 대한 청년들의 다양한 시선을 엿볼 수 있다. 이 블로그는 생각보다 더 많은 현장에서 이미 통일 준비가 시작되었고, 많은 청년들이 통일에 대해 깨어 있는 생각을 갖고 있다는 것을 실감하게 해주어 방문할 때마다 도전이 된다.

어플리케이션

» 열린통일교육 / 북한단축키

어플리케이션 역시 통일부 통일교육원의 '열린통일교육' 앱이 가장 폭넓고 많은 자료를 보유하고 있다. eBook, 눈높이영상, 통일카툰, 남북관계지식사전과 남북언어비교, 통일관 안내로 구성되어 있다. 특히 남북관계지식사전 코너의 북한어 검색 기능이 유용하다. 한편 '북한단축키' 앱은 개인이 개발한 것이지만, 북한에 대한 전반적인 기본 지식이 보기 쉽게 잘 구성되어 있어 영역별 개략적인 내용을 살필 때 좋다.

도서

통일부 발간 자료인 〈북한 이해〉, 〈통일 문제 이해〉, 〈통일 교육 지침서〉를 기본 교재로 삼았다. 이 자료집은 매년 혹은 격년 단위로 새롭게 증보판으로 출간되고 있다. 주제 강좌 시리즈 책자와 관련 VOD도 있는데, 위 '열린통일교육' 앱에서 eBook 및 영상으로 볼 수 있다. 그리고 다음의 책들은 남북한 건국의 역사적 지식 및 북한을 바라보는 바른 기독교적 관점을 제공해 준다는 점에서 매우 유익하다.

× 　　김성욱, 《북한을 선점하라》(서울: 세이지, 2010).
× 　　이호, 《하나님의 기적, 대한민국 건국》(서울: 복의근원, 2013).
× 　　오성훈, 《하나님의 눈으로 북한 바라보기》(서울: 포앤북스, 2011).
× 　　전병길, 《통일 시대를 살다》(서울: 포앤북스, 2012).

또한 통일 이후의 삶을 상상해 볼 수 있도록 다양한 자료와 함께 비전을 제시해 주는 일반 서적도 추천한다.

× 　 신창민, 《통일은 대박이다》(서울: 매일경제신문사, 2012).
× 　 매일경제·한국경제연구원·현대경제연구원, 《다가오는 대동강의 기적》
　　　(서울: 매일경제신문사, 2013).
× 　 민경태, 《서울 평양 메가시티》(서울: 미래의창, 2014).

　　탈북민 대안학교에서 탈북 청소년들과 함께 살아온 이야기를
담은 간증집 두 권을 소개한다. 탈북민들이 남한에 와서 겪는 어려
움과 그들이 가진 아픔을 이해하며 함께 살아가는 법에 대한 간접
체험 및 팁을 얻을 수 있다.

× 　 박경희, 《우리의 소원은 통일》(서울: 홍성사, 2012).
× 　 조명숙, 《사랑으로 행군하다》(서울: 규장, 2015).

동영상　　　　　　　　　　　　　통일준비학교 토크
를 진행하며 가장 반응이 좋았던 것은 탈북민들이 출연하는 '예능
토크쇼' 영상을 볼 때였다. 아무래도 가장 현장감 있게 북한에 대
해 접하고 생각해 볼 수 있기 때문이다. 또한 직접 토크를 준비하
는 입장에서도 여타의 북한 영상보다 예능 토크쇼가 요긴했던 이
유는 주제별로 짧은 클립으로 나뉘어 있어서 주제에 맞게 활용하기
좋았기 때문이다(때로는 영상에 맞춰 토크를 준비하기도 했다). 〈이제

만나러 갑니다〉, 〈황금알〉, 〈아궁이〉 등을 보여 주었는데, 이 중에서 〈이제 만나러 갑니다〉의 콘텐츠가 가장 다양하고 풍부해서 활용도가 높았다. 실제 어떤 영상을 토크에 활용하였는지는 주차별 진행 매뉴얼을 통해 추가로 안내하겠다.

탈북민과의 만남   탈북민을 한 번도 만나 보지 않고 통일의 미래를 그려 보는 것은 쉬운 일이 아니다. 한층 전문성 있게 통일 토크를 인도하려면 탈북민과의 정기적인 교류 및 만남을 추천한다. 탈북민의 공식 명칭은 '북한이탈주민'이다. 남한에는 2015년 현재 약 2만 8천여 명 정도의 북한이탈주민들이 있고, 이를 지원하기 위한 '남북하나재단'(북한이탈주민지원재단)과 '하나센터'(북한이탈주민 지역적응센터)라는 정부 재단과 유관 기관이 있다. 이곳을 통해 남한 내 탈북민들의 상황과 지원 현황을 살펴볼수 있고, 후원과 재능기부 등에 참여함으로써 직접 탈북민들을 도울 수도 있다. 특히 하나센터는 전국 지역별로 구축되어 각 지역의 탈북민들 정착을 돕고 있다. 한편 민간 자원봉사자들이 탈북민들의 '정착 도우미'로서 탈북민들의 안정적인 생활을 돕고 있다.

탈북 청소년 대안학교의 재능기부 교사가 되어 보는 것도 좋다. 그들이 우리와 다르지 않다는 것과 더불어 분명한 차이가 있다는 것을 동시에 느낄 수 있을 것이다. 탈북민 대안학교로는 다음학교,

두리하나국제학교, 드림학교, 반석학교, 여명학교, 우리들학교, 하늘꿈학교, 한꿈학교 등이 있다.

흔히 탈북민들을 '먼저 온 통일'이라고 말한다. 우리가 탈북민들을 만나고 함께함을 경험한다면, 우리는 지금 이 땅에서의 작은 통일을 미리 맛볼 수 있을 것이다.

통일 관련 모임 및 활동　　　　　　대학생들이 주체적으로 참가하고 진행하는 통일국토대장정 '통통코리아'와 '위두웍'We Do Walk을 소개한다. 뜨거운 햇볕 아래 굵은 땀방울을 흘리며 휴전선과 전국 각지를 행군하는 프로그램이지만, 통일을 염원하는 대학생이라면 여름방학에 꼭 한번쯤 참여해 볼 만한 통일대장정이다.

통일을 위해 기도하는 교회모임으로는 '통일광장기도회'와 '쥬빌리통일구국기도회'가 있다. 통일광장기도회는 북한인권한국교회연합회에서 전국 주요 도시의 역 광장에서 통일 한국을 위해 기도하는 모임이다. 이는 동독 라이프치히의 니콜라이교회가 독일 통일을 위해 매주 기도했던 기도 운동을 모델로 삼고 있다. 서울의 경우 2011년 10월에 첫 모임을 시작해 매주 월요일 저녁 서울역 광장에서 비가 오나 눈이 오나 쉬지 않고 통곡하며 북한 인권을 위해 기도회를 지속하고 있다. 또한 쥬빌리통일구국기도회 역시 지역별 정기기도회 및 통일 컨퍼런스, 워크샵, 통일 콘서트, 청소년 통일캠프 등 다양한 행사를 진행하고 있다. 그 밖에도 다양한 기독교 단체 및 교회에서 통일 관련 모임을 진행하고 있다. 더욱 많은 교회가 연합하여 통일의 그날까지 함께 기도하며 나아갈 것을 기대한다.

'통일준비학교' 블로그 및 추가 자료

통일준비학교를 시작하며 만든 홍보 영상과 마지막 주차 수료식 영상 두 편이 있다. 이를 통해 우리가 어떤 식으로 청년들에게 통일준비학교를 알리고, 또 실제로 이루어 갔는지 보여 주고 싶다. 또 실제 통일준비학교를 시작할 각 교회 혹은 청년 모임을 위해 블로그 http://blog.naver.com/expectkorea를 개설하여 추가 자료를 올려 두었다. 이곳에 더욱 많은 영상 및 준비 자료를 올려서 많은 분들과 공유하고자 한다. 특히 통일준비학교 진행 매뉴얼에 언급된 영상들을 블로그에 올리거나 링크해 두었다. 소박한 블로그지만 통일을 준비해 나가는 젊은이들의 든든한 자료 창고이자 소통 창구가 되었으면 좋겠다.

통일준비학교소개

통일준비학교 수료식

통일준비학교 매뉴얼

통일준비학교 전체 모임 커리큘럼

주제	청년들의 New 통일 비전 (오리엔테이션)
목적	통일준비학교의 오리엔테이션으로서 북한을 향한 하나님의 마음과 통일 비전을 품는 시간을 갖는다.
키워드	통일준비학교의 취지와 목표, 통일의 이유와 당위성, 남북 건국 역사, 분단 비용, 통일 비용, 통일 편익, 독일 통일과 베를린 장벽, 통일 대박과 창조 경제, 통일 준비의 다섯 가지 스텝
북한 말 퀴즈	주제별로 7~8가지의 북한 말 단어가 들어 있는 스토리를 들려주며 각 단어의 한국말 표준은 무엇인지 맞춘다(또는 남한 말을 북한 말로 맞추는 퀴즈). 예) 축구 : ① 뚝비 내리는 ② 등불게임 속에서도 XX 동무는 ③ 대방 사이를 ④ 몰기하며 ⑤ 차넣기를 하였는데 ⑥ 문지기 손 맞고 나온 공을 다시 ⑦ 머리받아넣기 하였으나 결국 ⑧ 문대를 넘고 말았다. ①~⑧번 남한어 정답 : 폭우/야간게임/상대방/드리블/슛/골키퍼/헤딩슛/골대

통일 토크

- 비전이란? 북한과 통일에 관심 없는 세대들

- 통일의 당위성에 관한 세 가지 관점 (하나님, 북한 주민, 통일 대박)

- 통일준비학교가 시작된 스토리와 간증
  영상 1: [메시지] 거룩한 대한민국 (2분 13초)

- 대한민국의 건국 역사, 기도와 언약, 건국 60년의 성취
  영상 2: [토크쇼] 통일이 된다면 (1분 34초)

- 그리고 다음은? 통일 이후의 대한민국을 상상하라

  영상 3: [토크쇼] 베를린 장벽이 무너지는 순간 (3분 55초)

- 독일 통일, 통일 직전까지 통일이 될 줄 몰랐던 스토리

  영상 4: [토크쇼] 통일 후 가장 신나는 것? (2분 17초)

- 통일 비용, 분단 비용, 통일 후 얻게 될 통일 편익

  영상 5: [토크쇼] 석유 위에 둥둥 떠 있는 북한 (2분 45초)

- 통일을 만들어 가는 여호수아와 갈렙 같은 청년

  영상 6: [토크쇼] 보유량 세계 2위, 희토류 (3분 47초)

- 통일 준비의 다섯 가지 스텝 (관심, 공부, 상상, 비전, 준비)

이제는 통일 한국을 상상하라! (활동과 토론)

[활동]

통일 이후 가장 방문하고 싶은 도시 이름과 이유 나누기

[토론]

1. 통일 인식 통일은 꼭 되어야 하나? 왜? 어떻게? 무엇이 좋고 무엇이 나쁜 가? (개인과 국가의 관점에서)

2. 통일 이유 하나님은 과연 통일을 원하실까? 그렇다면 왜 아직까지 남북이 통일되지 않았을까?

3. 통일 비전 통일이 되면 가장 먼저 무엇을 하고 싶은가? 그리고 또 무엇을 해야 하는가?

기도 제목	1. 북한 땅을 향하신 하나님의 마음과 구원의 열망을 알게 하옵소서. 2. 통일 한국의 미래 비전을 남북의 청년들이 열정으로 품게 하시고 그날을 소망하게 하소서.

주제	곧 만나게 될 북한 친구 이해하기
목적	통일 이후 만나게 될 북한 동포들의 지난 삶을 살펴보고 의식주와 의료, 복지 영역에서의 통일 준비를 생각해 본다.
키워드	북한의 기본 이해, 북한 인권(고난의 행군, 꽃제비, 탈북, 수용소), 북한의 세대 구분, 북한 정권의 특징, 의식주와 의료 복지 영역에서의 통일 준비
북한 말 퀴즈	주제에 맞는 북한 말 7~8가지 선정

통일 토크

- 남한으로 온 탈북민 약 2만 8천여 명, 그들의 고된 삶

  영상 1: [탈북민 UCC] 나는 북한 사람입니다 (6분 3초)

- 북한의 참혹한 인권 실상, 북한 주민에게 속히 자유와 생명을…

  영상 2: [토크쇼] 고난의 행군 (3분 36초)

- 북한의 세대별 구분, 고난의 행군이란? 장마당과 꽃제비

  영상 3: [토크쇼] 꽃제비 (3분 15초)

- 북한 정권의 실체, 공산주의, 주체사상, 선군정치

- 통일의 전제 – 자유통일, 평화통일, 복음통일

- 중국을 유랑하는 탈북민 15만~30만 명, 그곳에서의 처절한 삶

  영상 4: [토크쇼] 탈북 스토리 (2분 51초)

- 정치범 수용소, 완전 통제 구역 안에서의 삶

  영상 5: [애니메이션] 신동혁 이야기 (3분 4초)

- 탈북민들이 남한에 와서 힘들었던 점

  영상 6: [토크쇼] 한국의 언어 문화 (3분 27초)

- 어느 날 갑자기 통일이 된다면?

  거룩한 상상력을 통해 본 통일 한국의 의료, 복지, 의식주 영역
  (통일 이후 예상되는 문제점, 좋은 점, 해결책, 유망 직업)

이제는 통일 한국을 상상하라! (활동과 토론)

[활동]

북한 지역 행정 지명 퀴즈 및 암기

[토론]

1. "미안하다, 사랑한다"는 표현을 들어본 적 없고 그 개념조차 모르는 정치범 수용소 출신 탈북민에게 위 두 단어를 어떻게 설명할 것인가?

2. 만약 갑자기 북한이 붕괴해서 난민이 몰려오면 우리는 그들에게 무엇을 해줄 수 있을까? (그때 닥칠 가장 큰 어려움으로 예상되는 일과 그에 따른 해결책을 생각해 본다면?)

기도 제목	1. 북한과 중국에서 헐벗고 굶주린 영혼들을 긍휼히 살피시고 돌보아 주옵소서.
	2. 북한 인권에 대한 남한 내 교회와 국제사회가 더욱 관심을 갖고 협력하게 하소서.
	3. 통일 이후에 남북이 서로 잘 이해하고 사랑할 수 있는 사전 준비가 시작되게 하소서.

이렇게 통일하자!

주제	통일 한국 재건 프로젝트 ① (하드웨어)
목적	북한의 정치, 경제, 종교를 통해 북한의 특수성을 이해하고 국가 차원에서의 통일 준비를 기획해 본다.
키워드	통일 한국의 하드웨어, 북한의 정치, 경제, 종교, 국가 차원의 통일 준비 시스템, 주체사상, 사회주의, 배급제와 장마당, 봉수교회, 북한의 지하 교회
북한 말 퀴즈	주제에 맞는 북한 말 7~8가지 선정
통일 토크	

- 북한에 없는 세 가지는? 안경, 대머리, 장애인

- 갑자기 통일이 되면 발생할 수 있는 문제점
  영상 1: [토크쇼] 통일 이후 가장 큰 문제점 (6분 3초)

- 국가 차원의 '통일 준비 시스템'이 필요

- 통일 한국의 하드웨어 재건을 위한 준비 (정치와 경제)

- 북한의 정치: 주체사상의 이해, 삼대 세습, 핵무기
  영상 2: [토크쇼] 주체사상탑 (3분 12초)
  영상 3: [토크쇼] 주체사상노래 (2분 27초)

- 북한의 종교: 종교 정책, 평양 봉수교회, 지하 교회 성도들
  영상 4: [다큐] 평양의 봉수교회 실체 (1분 48초)
  영상 5: [다큐] 김일성 충성 맹세 영상 (4분 50초)

- 북한의 경제: 공산주의, 사회주의, 배급제와 장마당

- 성공적인 남북통일을 위한 로드맵 제시

이제는 통일 한국을 상상하라! (활동과 토론)

[활동]

통일 한국의 북한 지역 지방선거 후보 되기

★ 오테레사 , 《통일코리아를 세우는 100일 기도》 발췌 각 지역별 자료 전달

1. 제비뽑기를 통해 팀별(2인 1조) 북한의 지역을 한 구역씩 할당받는다.

2. 오늘 공부한 내용과 추가로 받은 지역별 자료를 통해 '정치, 경제, 종교' 등의 영역에서 내가 이 지역을 어떻게 재건시켜 나갈 것인가에 대해 거룩한 상상력을 펼친다.

3. 지방선거 후보자로서 담당 지역에 대한 자신만의 개발 전략과 선거 공약을 사람들 앞에서 당당하게 말한다.

   예) 내래 만약 평양시장이 된다면, 평양에 방문하는 외국인에게 평양랭면 한 그릇을 무료로 먹을 수 있는 티켓을 무상으로 주갔오! 그래서 평양을 전 세계의 관광 명소로서 소개하고 평양랭면을 전 세계인이 사랑하는 음식으로 만들고야 말갔오!!

기도 제목	1. 기독교를 박해하고 주 하나님 대신 사람을 섬기게 하는 삼대 세습 정권이 무너지게 하옵소서. 2. 그 땅에서 목숨 걸고 숨어서 신앙생활하는 지하교인들의 영육을 보호하옵소서. 3. 통일 이후 다시 평양대부흥의 은혜를 맛보도록 교회를 정결케 하시고 국내에 있는 탈북민들을 먼저 섬기며 통일을 미리 준비하게 하소서.

이렇게 통일하자!

|4주차| 통일 한국 재건 프로젝트 ② (소프트웨어)

주제	통일 한국 재건 프로젝트 ② (소프트웨어)
목적	민간 사회 차원에서 통일 이후 남북의 사회적 이질감 해소 방안을 고민하며 성공적인 통일을 준비한다.
키워드	통일 한국의 소프트웨어, 탈북민의 남한 적응 과정과 지원 체계, 하나원, 북한이탈지원센터, 남북의 사회 문화적 이질감, 북한의 문화·예술·언론·미디어
북한 말 퀴즈	주제에 맞는 북한 말 7~8가지 선정
통일 토크	

- 탈북민 적응 과정 및 지원 체계

  영상 1: [토크쇼] 하나원이란? (2분 52초)

- 하나원이란?

- 탈북민들이 어려워하는 남한 사회 (가상 인물 스토리텔링)

  영상 2: [토크쇼] 남한의 문화 충격(교통수단) (2분)
  영상 3: [토크쇼] 남한의 문화 충격(화장실) (4분 1초)
  영상 4: [토크쇼] 남한의 문화 충격(전자제품) (2분 53초)

- 새터민 적응 실태와 문제점

[중간 활동] 남한 사회의 어려운 상황이나 물건 등을 더 찾아보자!

- 북한으로 간 남한 청년의 가상 스토리

  영상 5: [뉴스] 북한의 관광 상품 및 관광객 유치 (1분 47초)

- 북한의 관광 산업과 평양 아리랑 공연

  영상 6: [뉴스] 아리랑 공연 (2분 29초)

- 북한의 직장생활 특징, 생활총화란 무엇인가?

  영상 7: [토크쇼] 북한의 직업 문화 (5분 22초)

- 남북 사회 문화적 이질감 해소 방안

이제는 통일 한국을 상상하라! (활동과 토론)

[활동]

통일 한국 이후, 북한의 각 영역별 리더십 되어 보기
(장관/민간단체장/사업가)

1. 개별적으로 아래 여섯 가지 중 가장 관심 있거나 북한에 변화가 필요
   하다고 생각되는 한 가지 영역을 선택한다.

DMZ·관광	공연·예술	체육·스포츠
영화·문학	언론·미디어	음식·대중문화

2. 통일 한국 이후 선택 영역에서 (1) 왜 그 영역을 선택했는지, (2) 어떤 정
   책을 펼치고 싶은지, (3) 또는 무슨 사업을 하고 싶으며 앞으로의 전망
   은 어떠한지, 나만의 거룩한 상상력을 펼친다.

3. 각자의 노트에 기록한 뒤 발표한다.

기도 제목

1. 통일 이후 그들과 함께 살아갈 그날에 많은 혼돈과 어려움이 있을
   것으로 예상되는데, 우리가 먼저 그날을 거룩한 상상력으로 예측해
   보면서 지혜롭게 미리 잘 준비하도록 도와주세요.
2. 저희에게 뜨거운 통일 한국의 비전과 그 안에서 우리의 역할과 사
   명을 잘 발견하도록 인도해 주세요.

이렇게 통일하자!

|5주차| 온전한 통일을 위한 우리의 준비

주제	온전한 통일을 위한 우리의 준비
목적	개인과 가정 차원에서 통일 이후 결혼, 가정, 교육 영역에서 어떻게 남북이 온전한 통일을 이룰 것인가 깊이 생각해 본다.
키워드	북한 여성의 특징, 북한의 가부장적 체제, 북한 주민의 가정생활, 북한의 연애와 결혼, 남북의 교육 제도 비교, 북한 청소년들의 가치관
북한 말 퀴즈	주제에 맞는 북한 말 7~8가지 선정
통일 토크	

- 북한 여성의 특징

  영상 1: [토크쇼] 북한 여성들의 특징 (3분 55초)

- 북한의 여성과 가정생활

  영상 2: [통일교육원] 경제난 이후 북한 여성의 변화 (4분 45초)

- 북한의 연애와 결혼

  영상 3: [토크쇼] 북한의 연애와 결혼 (4분 17초)

[중간 활동] 탈북민과의 소개팅 그리고 결혼? 연애할 때 힘든 부분은 무엇일까?

- 최근 증가하는 남북의 결혼

  영상 4: [뉴스] 남북 결혼이 늘어난다 (4분 17초)

- 북한의 교육과 학교생활

  영상 5: [통일교육원] 북한의 교육 (5분 55초)

- 북한 교육의 특징, 남북 학제 비교

  영상 6: [다큐] 남북 청년들의 일일 데이트 (9분 54초)

- 통일을 맞이하는 청년들의 다섯 가지 모습

  (통일 교육/통일 운동/통일 준비/통일 연습/통일 기도)

이제는 통일 한국을 상상하라! (활동과 토론)

[활동]

2인 1조로 짝을 지어 다음 주제로 토론해 보고 전체 시간에 발표한다.

1. 탈북민에게 가장 궁금한 것 세 가지는 무엇인가? 또는 탈북민을 만나면 꼭 해주고 싶은 말이 있다면?

2. 통일 비전 다섯 가지 행동 영역 중 내가 할 수 있는 활동에 대해 구체적인 계획 세워 보기

기도 제목	1. 남과 북이 온전히 하나 될 그날을 우리가 설렘과 기대함으로 꿈꾸게 해주세요. 2. 통일 이후 북한 주민들과 함께 살아가며 많은 남남북녀가 만나서 한 가정을 꾸리게 될 터인데, 서로를 이해하고 사랑하면서 온전하고 건강한 통일 한국이 될 수 있도록 인도해 주세요.

이렇게 통일하자!

주제	기대하라, 통일 한국! (수료식)
목적	지난 통일 토크들을 전체적으로 검토해 보며 통일 이후 감당할 나의 역할과 비전을 점검한 뒤 '통일 한국재건 비전 선언문'을 작성하여 선포한다.
키워드	한반도의 국제 정세, 불어오는 통일의 바람, 분단국가의 통일 사례(예멘, 독일, 베트남), 통일 후 유망 직업, 세계 속 통일 한국, 통일준비학교의 비전, 각자의 통일 비전 수립 및 선포
북한 말 퀴즈	주제에 맞는 북한 말 7~8가지 선정

통일 토크

- 통일준비학교가 앞으로 나아갈 방향

  영상 1: [통일교육원] 통일 이후 달라지는 것은? (7분 43초)

- 지난 5주간 동안의 통일 토크 전체 리뷰

  영상 2: [토크쇼] 통일 이후 결핵대란? 북한의 의료 상황 (8분 50초)

- 과거 분단국가의 통일 사례 – 예멘, 독일, 베트남

  영상 3: [다큐] 베트남 월맹 패망의 교훈 (9분 25초)

- 북한의 양면성, 화전양면 전술

  영상 4: [토크쇼] 북한의 댓글 부대, 사이버전 (2분 6초)

- 한반도를 둘러싼 주변 열강의 역할과 중요성

- 통일 후 유망 직업 Best 5 소개

  영상 5: [다큐] 통일을 위해 우리가 준비해야 하는 것 (7분 14초)

1. 내가 만약 대통령이라면 통일 이후에 어느 곳에 연합정부 수도를 세울 것인가? 그 이유는? (서울, 평양, 제3의 도시)

2. 아래의 8개의 영역 중 자신이 현재 몸담고 있거나 관심 있는 영역 1~2개 (+세부 영역)를 선정한다.

8가지 국가 구성 요소

정치 / 경제 / 종교 / 가정 / 과학 / 교육 / 예술 / 매스컴

3. 각 선택 영역에서 북한에 대해 공부한 것을 바탕으로 현재 북한의 문제점 2~3가지를 도출한다.

4. 그 문제점이 통일 이후 하나 된 남북한의 실생활에 미칠 영향을 추측해 본다.

5. 그 부분에 대해 내가 감당할 수 있는 부분과 역할 또는 해결책을 찾아본다.

6. 통일 이후 이 영역에서 앞으로 필요한 직업 (부상하는 직업군) 1~2가지를 상상하고 도출해 보자.

7. 이를 바탕으로 '통일 한국재건 비전 선언문' 약 3~4줄을 적고 소그룹원들 앞에서 낭독해 보자.

• 이후 수료식 진행 (수료증 및 개근상 수여)

| 기도 | 지난 6주간 통일준비학교를 이끌어 주신 하나님께 감사드립니다. 이 통일준비학교가 세대를 넘고 지역을 넘어 더 많은 사람들과 통일의 비전을 공유하고 통일을 준비하도록 인도해 주세요. 다음 주에 있을 탈북민 초청 만찬을 축복하셔서서 탈북민들과 하나 되는 귀한 시간 보내게 해주시고, 그 시간을 통해 그들을 향한 아버지의 마음을 더 느끼게 해주세요. |

특별 모임
_ 현장 체험 및 만찬

통일준비학교는 사실 교회 내부에서만 진행하는 것을 염두에 둔 것은 아니었다. 기회가 된다면 인근 지역 교회 청년부와 연합하면 좋겠다고 생각했다. 훗날에는 통일준비학교가 규모 있는 지역 연합 행사로 발전되어야 한다고 믿었기 때문이다. 그래서 인근 교회를 찾아갔다. 그 교회에서는 이미 탈북민 전도사님을 주축으로 '통일선교회' 사역이 진행되고 있었다. 청년부보다는 탈북민과 장년부의 모임이었다. 우리는 그곳에서 탈북민 사역에 대한 실제적인 말씀을 들을 수 있었다. 마침 그 교회에서도 매년 6월경 통일선교행사를 개최한다고 하여 서로 협력하기로 하고 함께 기도했다.

우리는 6주간의 세미나 외에도 현장 체험을 계획했다. 처음에는 통일전망대·제3땅굴·통일관·탈북민교회 방문 등 다양한 의견들이 제시됐지만, 협력 교회에서 준비한 'DMZ 어깨동무 걷기대회' 행사에 참여하는 것으로 현장 체험을 이끌었다. 1부는 임진각 주변과 민통선 내부 지역을 걸으며 기도하는 시간, 2부는 평화누리 공연장에서의 각종 공연 및 가족놀이 프로그램이었다. 먼저는 탈북민들과 함께 어울릴 수 있어 좋았고, 또 한 청년이 미국에서 방학을 맞아 잠시 한국에 온 친척 동생들을 데리고 왔는데, 그들에게 소중한 추억을 선물한 것 같아 참 흐뭇했다.

통일준비학교를 시작할 때 가장 마지막 프로그램으로는 '탈북민 초청 만찬'을 열자고 했었다. 교회 청년들 모두를 초청하여 그들에게 다시금 '통일준비학교'를 소개하고 다음번 기수로 초대하는 것이다. 물론 무엇보다 탈북민과 함께할 수 있는 장을 만들어 통일을 미리 맛볼 수 있게 함이 가장 큰 의도였다. 맛있는 식사를 한 뒤 수료자 친구들의 이야기를 들으며 작은 공연을 즐기는 시간으로 통일준비학교의 마지막 시간을 이끌었다.

그때 만난 탈북 아이들의 순수한 모습이 정말 좋았고 인상 깊

었다. 일회성 모임으로 그치지 말자며 차후 아이들과 지속적인 만남을 추진하고자 했던 마음과 달리 여건상 실제로 실천하지는 못했다. 1년 전 그때를 돌아보는 지금도 그 점에선 아이들에게 미안하고 안타까운 마음뿐이다. 그러나 탈북민과 처음 대화를 나누어 보며 마음속 뭉클한 울림이 있었다고 말하는 청년들의 이야기를 통해, 우리의 작은 헌신이 교회 내에 통일을 향한 진지한 관심을 갖는 계기가 되어 새로운 변화를 일으키기 시작했다는 사실을 실감할 수 있었다.

바로 · 지금 · 청년 · 통일!

무르익어 가는 꿈   2013년 여름, 책 출간의 꿈을 품은 지도 어느덧 만 2년이 흘렀다. 여러 사람과 함께 한다는 점에서 격려가 되기도 했지만, 또 그만큼 쉽지 않은 일임을 절실히 깨달았다. 그럼에도 각 사람을 세우고 함께 원고를 작성해 가는 동안 그 꿈은 조금씩 무르익어 갔다.

그러던 2014년 새해, 남한 사회는 점차 통일 담론으로 가득 차 기 시작했다. 이제야 비로소 국민들이 통일 문제에 관심을 갖는 듯 했다. 참으로 반갑고 행복했다. 잘하면 머지않은 시기에 좋은 일이 생기지 않을까 하는 기대감이 충만했다. 그러다 분단 70주년을 맞 이한 2015년 여름, 다양한 행사와 더불어 통일에 대한 염원이 점차 고조될 무렵 북한 목함지뢰 도발 사건이 발발했고, 남한의 대북 확 성기 재계와 더불어 사상 초유의 전쟁 위기로 치닫다 마침내 극적 인 남북회담 성사로 일단락되었다.

이렇듯 그간 참 많은 일련의 사건들이 일어났다. 그렇다면 그만큼 통일을 향한 국가적 진전은 있었을까. 솔직히 말해 다시 원점으로 돌아온 느낌이다. 그러나 우리의 꿈이 아주 조금씩 여물어 갔던 것처럼 통일에 대한 각 국민들의 염원만큼은 더 깊어지지 않았을까 짐작해 본다. 눈에 잘 보이지는 않지만 분명 한층 더 뜨거워졌으리라 믿고 싶다.

청년의 때에 꼭 기억해야 할 것   돌이켜 보니, 솔직히 통일을 향한 내 발걸음도 가다 서다를 반복했던 것 같다. 어머니를 도와 시작한 사업과 연애 그리고 결혼으로 통일이란 단어를 생각할 여유조차 없었다. 이 작업에 함께한 친구들 역시 대학 졸업 이후의 진학, 취업, 결혼 문제로 바쁘게 지냈다. 그래서 한동안 모두가 통일을 잠시 '잊고' 살았는지도 모르겠다. 저마다 바쁘고 힘든 일상 속에서 고군분투하며 살아가느라 통일의 열정을 잘 '지키고' 살 수 있었는지, 혹시 너무 힘들진 않았는지 새삼 묻고 싶다. 그렇게 지내오면서 깨닫게 된 두 가지가 있다. 첫 번째는 전도서의 말씀처럼 "모든 일에는 다 때가 있다"는 사실이다.

✳   범사에 기한이 있고 천하만사에 다 때가 있나니(전 3:1).

어떠한 일에 집중하여 반드시 성과를 내야 할 때가 있고, 정말

하고 싶지만 내 여건과 주변 상황이 허락지 않을 때가 있다. 그래서 우리에겐 때를 분별하며 살아가는 지혜가 필요하다. 특별히 성경은 '청년의 때'를 가리켜 이렇게 말하고 있다.

✳   너는 청년의 때에 너의 창조주를 기억하라(전 12:1).

이 말씀에 힘입어 청년들에게 도전하고 싶다. 뜨거운 청춘들이여! 그대는 무엇을 위해 그렇게 달려가고 있는가. 하나님이 그대에게 말씀하신다. 지금, 너를 만드신 그분을 기억하라. 네가 어떻게 생겨나 존재하게 되었는지, 왜 하필 지금 시대에 태어나게 되었는지, 전 세계 유일하게 남은 분단국가의 국민으로 살아가게 된 그 이유를 생각해 보라. 분명 하나님께서 뜻하신 바가 있지 않겠는가. 당신을 통해 한반도에 이루고자 하시는 하나님의 큰 꿈이 기다리고 있지 않겠는가.

그러므로 청년들이여, 더 늦기 전에 더 많이 기도하고 꿈꾸며 도전하라. 특별히 청년의 때에 바로 이 민족의 오래된 사명, '통일의 비전'을 반드시 붙잡기를 바란다. 통일 한반도의 꿈은 오직 지금 이 시대를 살아가는 대한민국의 청년들만이 품을 수 있는 값진 꿈이니까 말이다.

꿈을 이루어 가시는 분　　　　　　　　　두 번째는 "내가
꿈을 향해 나아가는 것 같아도 결국 하나님이 친히 이루어 가신다"
는 사실을 전하고 싶다. 이 또한 우리가 잘 알고 있는 성경 말씀과
동일한 깨달음이다.

✖　　　　사람이 마음으로 자기의 길을 계획할 지라도 그의 걸음을
　　　　인도하시는 이는 여호와시니라(잠 16:9).

　　결혼 후 나는 '청년'이란 타이틀을 차츰 잃어버리면서 청년부 그
룹과는 자연히 멀어질 수밖에 없었다. 그러면서 2015년 여름으로
계획했던 두 번째 통일준비학교는 아쉽게도 연잇지 못하였다. 나를
비롯해 함께했던 스태프 친구들 또한 각자 삶의 변화로 통일준비학
교의 필요성은 느끼면서도 여건상 참여하기가 모두 어려웠기에 통
일준비학교는 잠시 중단되어 있었다. 2015년 통일준비학교는 더 이
상 추진하기 어렵겠구나 하는 생각에 답답함과 약간의 죄책감이 밀
려들었다. 반면, 그랬기 때문에 오히려 작년에 진행된 첫 통일준비학
교 자체가 하나님의 은혜요 인도하심이었다는 걸 그제야 진심으로
깨닫게 되었다.

　　여전히 무거운 마음으로 지내던 어느 날, 갑작스럽게 '통일준비
학교 스토리와 매뉴얼'을《청년, 통일하자》에 함께 넣어 보면 어떨까
하는 아이디어가 떠올랐다. 역시 하나님은 늘 'Step by Step' 세밀
하게 인도하시는 놀라운 분이다. 그렇게 새롭게 원고를 작성하며 난

266

청년, 통일하자

또다시 타오르는 통일 비전의 열정으로 무거운 마음을 화끈하게 태워 버릴 수 있었다.

오직 그가 아시나니   지금 내 명함에는
"통일 한국의 다음 세대를 준비하는 교육 기업"이라는 글귀가 새겨져 있다. 앞으로 교육 사업을 어떻게 펼쳐 나갈지에 대한 고민의 답으로 작성해 본 것이다. 현재는 유아들을 대상으로 교육 프로그램들을 유통하고 있지만, 장차 통일 관련 교육 콘텐츠를 직접 제작하고 싶은 생각이 들었기 때문이다. 지금으로서는 그 꿈이 어떠한 형태와 방법으로 펼쳐질지 모르겠지만, 이로써 다시금 내 삶 가운데 시작되는 또 하나의 '통일의 꿈'이 탄생한 것이다. 과연 앞으로의 걸음을 또 어떻게 인도해 가실지 궁금하기만 하다. 진심으로 그분을 기대한다.

✳   내가 가는 길을 그가 아시나니 그가 나를 단련하신 후에는
        내가 순금같이 되어 나오리라(욥 23:10).

이 책을 엮어 가는 데 여러 모양으로 도움을 준 사람들에게 감사를 표하고 싶다. 먼저 공동 집필진으로 수고해 준 《청년, 통일하자》 멤버들에게 진심으로 감사의 마음 전한다. 분명 쉽지 않은 도전이었지만, 그들은 함께 기도하며 자신의 이야기를 흔쾌히 나누어

주었다. 더불어 각 스토리들이 존재할 수 있도록 도와준 모든 학교, 교회, 단체, 친구들에게 대표로 감사를 전한다.

"우리의 이야기는 바로 우리 모두가 함께 만들어 나간 아름다운 작품입니다."

끝으로 짧은 연애와 신혼생활 중에도 늘 나의 꿈과 도전을 이해해 주고 응원해 주는 사랑하는 아내에게 진심으로 고맙고 사랑한다고 전하고 싶다.

바로, 지금입니다

마지막으로 독자 여러분께 한 번 더 묻고 싶다.

"언젠가 반드시 올 통일의 날, 당신은 무엇을 하시겠습니까?"

이 책을 덮은 뒤 이 물음에 대한 분명한 답을 찾아가길 바란다. 당신이 학생이든 청년이든 혹은 더 앞선 세대이든 누구에게나 동일한 질문이다. 거창한 꿈이 아니어도 좋다. 본인 삶의 작은 영역 어떤 부분이라도 우리의 작은 통일의 비전은 피어날 수 있다. 그리고 그 꿈을 소중히 여기며 놓아 버리지만 않는다면, 반드시 자라나 열매 맺을 것이다.

자, 이제 통일 비전을 찾아 떠나자.
통일 한반도의 미래를 함께 상상하며….

2015년 12월
통일 청년들을 대표하여
김경헌

청년, 통일하자

The Story of Young Generation's
Unification Movement

2016. 1. 4. 초판 1쇄 인쇄
2016. 1. 11. 초판 1쇄 발행

지은이 김경헌 정영지 김진평 곽우정 가찬미 방아름 나주은
펴낸이 정애주
국효숙 김기민 김의연 김일영 김준표 박세정 박혜민
송승호 오민택 오형탁 윤진숙 이한별 임경혜 임승철
임진아 정성혜 조주영 차길환 한미영 허은
펴낸곳 주식회사 홍성사
등록번호 제1-449호 1977. 8. 1.
주소 (04084) 서울시 마포구 양화진4길 3
전화 02) 333-5161
팩스 02) 333-5165
홈페이지 www.hsbooks.com
이메일 hsbooks@hsbooks.com
트위터 twitter.com/hongsungsa
페이스북 facebook.com/hongsungsa
양화진책방 02) 333-5163

ISBN 978-89-365-1134-0 (03230)